New understanding of Resource-Circulating
Society in the business view

비즈니스 관점에서
자원순환사회
바라보기

박재흠 | 정성우 | 김대봉 지음

어문학사

머리말

폴호켄(Paul Hawken)의 '비즈니스생태학(The Ecology of Commerce)'을 처음 읽을 때의 회열이 떠오른다.

'지속가능한 사회를 만들기 위해서는 지금까지의 산업사회에서 모든 행위가 그 의도와 상관없이 환경을 '악화시키는' 행위가 되고 마는 것처럼, 향후에는 모든 행위가 그러한 의도와 상관없이 환경을 '위한' 행위가 되는 시스템을 만들어야 한다.'

이 글귀는 오랫동안 마음속에 품고 있던 의지를 책으로 쓰게 만든 계기이며 동기이다.

2015년 9월은 대외적으로 유엔의 '새천년개발목표(MDGs)'가 마감되고 포스트 2015년 개발의제로 불리는 '지속가능발전목표(SDGs; Sustainable Development Goals)'가 채택되는 중요한 해이다. 과거 기후변화니 자원고갈이니 하는 전 지구적 차원의 이슈에 대해 수사(Rhetoric)차원에서 논의되던 것들이 이제는 실제(Reality)로 현실에 밀접하게 영향을 끼치고 있으며 사회 곳곳에서의 다양한 관심 및 움직임도 확산되고 있는 추세이다.

이제까지 크게 각광받지 못했던 지속가능경영컨설팅, 자원순환 비지니스, 환경산업 등이 새롭게 재조명되고 있다. 저자들은 오랫동안 컨설팅, 학계, 산업 등의 관련분야에서 종사해 왔으며, 향후 도래할 자원순환사회의 중요성에 공감하였다. 최근 자원순환사회전환촉진법의 제정도 가시화되고 있어 저자들이 몸소 체험하며 겪은 경험과 지식을 바탕으로 자원순환사회의 이론 및 실제를 한번 정리할 필요성을 느껴왔다.

이에 저자들은 자원순환사회라는 개념을 처음 접하는 초보자에서부터 비즈니스 측면에서 접근하는 산업계의 요구 등도 반영함으로써 각계각층의 관심을 이끌어 내기 위해 노력하였다.

책을 저술하면서 절감한 점이기도 하지만 저자들의 학문적 깊이와 통찰력의 부족, 경험이 갖는 한계성 등으로 인해 미흡하고 보완이 필요한 부문이 있는 것도 사실이다. 일종의 변일지 몰라도 이는 자원순환사회라는 영역이 너무나 광범위한데다 비즈니스 측면까지 포함시키려는 저자들의 다소 과도한 의욕에 기인한 것으로 이해해주면 좋겠다. 다만, 저자들은 미완성보다는 새로운 시도를 보다 가치있는 작업이라고 생각했으며, 미흡한 부문은 향후 개정을 통해 보완해 나가고자 한다.

이 책을 집필함에 있어 아낌없는 조언을 해 준 정부 관계자 분들과 기업 및 연구소에 계신 전문가분들께 고개 숙여 감사를 표시하고자 한다. 또한 삼일회계법인 지속가능경영 / 기후변화서비스의 팀원 모두에게도 고마움을 전하고자 한다.

끝으로, 이 책을 통해 미약하나마 전 사회적으로 자원순환에 대한 이해를 높이는 동시에 인식을 바꾸고, 새로운 시각과 시도를 불러일으킬 수 있게 된다면 더 이상 바랄 것이 없겠다.

2015년 12월
공저자들을 대표하여
박 재 흠

3 / 자원순환사회와 폐기물
비즈니스: 일본의 경우 _____ 정성우

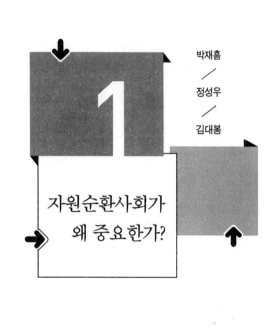

1

박재흠

／

정성우

／

김대봉

자원순환사회가
왜 중요한가?

1. 패러다임으로서의
지속가능발전

언제부터인가 우리주변에 "지속가능한(Sustainable)"이라는 용어가 정치, 경제, 사회, 문화 등 다양한 영역에 걸쳐 빈번히 사용되고 있다. 이제는 생소하기보다는 친숙하게 느껴질 정도다. 간단하게 말하면 "지속가능한"의 의미는 균형잡힌 상태가 오래 계속됨을 의미한다. 예를 들어 빽빽한 나무로 차 있는 숲도 새로 자라나는 범위 내에서 나무를 베어 사용해야만 숲의 상태를 현재처럼 유지할 수 있다는 것이다.

이러한 "지속가능한 발전(Sustainable Development)"이라는 용어는 1987년 세계환경개발위원회(World Commission on Environment and Development)가 발표한 '우리 공통의 미래' (일명 브룬트란트 보고서)를 통해 처음으로 소개되었다. 이후 1992년 6월 브라질에서 열린 '리우회담'에서는 동개념에 대한 공감대가 확산되었다. 지속가능한 발전의 개념은 "미래세대의 요구를 침해하지 않는 범위 내에서 현 세대의 요구를 충족시키는 발전"으로 정의되었다.

지속가능한 발전이라는 개념은 과거에는 개발보다는 환경보전이 우선적으로 고려되어야 한다는 것으로 해석되기도 하였다. 그러나 최근 들어서는 개발과 환경의 조화를 강조하는 개념으로, 또한 더 나아가 환경, 사회, 경제의 통합을 통한 인류사회가 궁극적으로 지향해야 할 사회 전체를 관통하는 이념으로까지 통용되어 사용되고 있다.

사실 우리 인류는 산업혁명 이후 대량생산방식의 경제발전을 통해 삶의 질을 향상시켜왔다. 대량생산은 화석연료에 의존하는 패러다임으로, 인류는 이 과정에서 심각한 두 가지 문제에 직면하게 되었다. 하나는 화석연료의 소비가 급증하면서 발생하는 온실가스로 야기되는 지구온난화이다. 또 다른 하나는 무한히 존재할 것으로 여겨졌던 화석연료가 고갈될 전망으로 자원의 희소성 문제가 그것이다. 기후변화는 단순한 지구온난화 차원을 넘어 혹한, 혹서와 같은 다양한 자연재해를 포함하는 광범위한 현상까지 반영한다. 이미 우리는 기후변화의 심각성을 알리는 많은 연구와 기사를 접하고 있다. 하지만 우리에게 보다 직접적으로 심각한 문제는 화석연료중심의 경제발전 방식이 화석연료의 고갈 가능성으로 인하여 더 이상 지속가능하지 못하다는 점이다. 과학계에서 예상하는 주요 에너지원의 가채연수를 보면, 원유 40년, 천연가스 59년, 석탄 114년으로 자원 고갈의 우려가 현실화되고 있음을 알 수 있다. 결국 우리는 한정된 지구라는 공간속에서 살고 있음을 직시해야 하며, 이러한 지구의 물리적 한계를 인지하고, 지금과 같은 자연자원 이용 양태를 바꾸어 나가야만 하는 필연적 숙명에 처해있다.

2. 지속가능발전과 자원순환사회

매년 서양에서는 11월 말경이 되면 'Buy Nothing Day'라는 캠페인이 열린다. 시작은 지속가능발전의 개념이 채택된 1992년 캐나다의 테드 데이브라는 광고인에 의해 처음으로 주창되었다. 우리나라에서는 녹색연합이 유사하게 '아무것도 사지 않는 날' 캠페인을 벌이고 있다. 이 캠페인의 취지는 인류의 과도한 소비로 인한 지구환경파괴와 노동문제, 불공정 거래 등 물질문명의 폐단을 고발하고 유행과 쇼핑에 중독된 현대인의 생활습관과 소비행태를 반성하자는 데 있다.

이와 같이 인류가 지속가능한 발전을 위해 자연자원의 채취량 및 이용량을 줄이고, 환경오염도 줄이는 가장 근원적이며 효과적인 방법은 생산과 소비를 대폭 줄이는 것이다. 소비가 감소하면, 생산도 감소하고 자연자원의 채취량도 감소하기 때문이다. 하지만 현실은 정반대이다. 다양한 국가에서 경제성장과 더불어 소득의 증가로 인해 생산과 소비는 날로 늘어나고 있다. 과도하게 증가한 생산과 소비로 환경오염, 자원고갈 등의 여러 문제점이 지속가능한 인류의 미래를 위협하고 있다. 따라서 지속가능한 발전 측면에서 어떠한 생산과 소비패턴을 가져갈 것인가에 대한 논의는 매우 중요하다.

지속가능한 발전은 생산과 소비에 관련된 자원이 어떻게 순환되도록 할 것인지에 대한 고려를 포함하고 있다. 즉 자원은 한 번 쓰고 버리는 것이 아니라, 다시 사용해서 순환의 사이클을 완성하는 것이 환경, 사회, 경제 측면에서 바람직한 결과를 낳을 수 있기 때문이다. 이러한 메커니즘이 적용되고 지향하는 것이 바로 '자원순환사회'이다. 자원순환사회란 폐기물 발생을 최대한 억제(reduce)하며, 폐기물에 대해서는 재사용(reuse)하거나 재활용(recycle)하며, 불가피하게 남은 폐기물은 환경에 미치는 영향을 최소화하여 처리하는 사회를 의미한다. 기존 사회가 발생한 폐기물을 어떻게 처리하는지에 초점을 맞췄다면, 자원순환사회는 폐기물의 발생 자체를 어떻게 줄이며 발생한 폐기물을 어떻게 순환시켜 이용할 것인가에 초점을 맞춘다.

자원순환사회는 여러 측면에서 우리 사회에서 필수적으로 요구되는 사항이다. 먼저, 자원순환사회는 지속가능발전을 위한 국제적 패러다임 변화에 대응하는 것이 된다. 또한 경제 개발과 생산 활동의 확대, 소득 증가 및 소비 증가로 폐기물이 지속적으로 증가되고 있는 현실에 대한 해결책이 될 수 있다.

3. 열린 시스템으로서의
자원순환사회

  우리가 살고 있는 사회의 경제체계는 화폐를 매개로 재화
와 서비스가 순환하는 하나의 큰 시스템으로 이해할 수 있다.
즉, 천연자원을 가지고 제품을 만들어 사용하고 사용 후 제품
은 재사용 혹은 재활용되며, 재활용을 통해 얻어진 재생자원
은 생산과정에 재투입되는 일련의 순환과정으로 경제를 파
악할 수 있다는 것이다.

  그러나 우리가 흔히 접하는 주류 경제학은 생산과 소비단
계에 중점을 두고 있어 생산 이전의 자원 추출과 소비 이후의

적정 폐기는 상대적으로 주목을 받고 있지 못한 것이 현실이다. 좀 더 자세히 살펴보면 자연으로부터의 천연자원 확보가 얼마든지 가능하고 폐기에 따른 비용이 전혀 발생하지 않는다는 것을 가정하고 있다는 것이다. 하지만 현실은 전혀 그렇지 않다. 즉, 주류 경제학이 보는 경제는 '닫혀있는 비순환 시스템'에 가깝다.

한편, 자원순환적 관점에서는 생산 및 소비과정에서 발생하는 폐기에서 시작되어 회수와 재활용 혹은 최종 매립으로 이어지는 과정까지를 모두 포함한다. 쉽게 말해 재활용을 통해 얻어진 재생자원이 생산과정에 재투입되고 재사용됨으로써 자원고갈의 문제 해결에 어느 정도 기여할 수 있게 된다는 점이 강조되는 것이다. 이러한 점에서 자원순환 관점의 경제는 '열려있는 순환시스템'으로 확장하여 볼 수 있다.

여기에서 중요한 점은 주류 경제학이 중시하는 부분과 자원순환 시점으로 확대된 부분이 서로 독립적으로 존재하는 것이 아니라 유기적으로 연결되어 하나의 큰 흐름을 이루고 있다는 것이다. 다만, 주류 경제학이 중시하는 부분에서는 시장을 통한 수급조정 기능이 중시되지만, 자원순환이 중시하

는 부분에서는 정보의 흐름을 투명하게 하는 것이 중요하게 된다는 차이점은 정확히 이해할 필요가 있다.[1]

【그림 1】 주류 경제학의 범위와 자원순환 시점의 범위

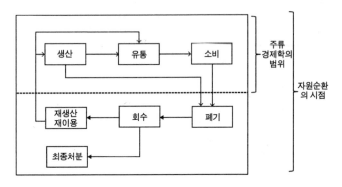

---

1 상세 내용은 제2장 5절(폐기물 거래와 정보의 비대칭성) 부문 참조.

2

정성우

자원순환사회
이해를 위한
경제학적 기초

1. 폐기물이란
무엇인가

폐기물을 어떻게 정의할 것인가? 이는 얼핏 보면 지극히 단순한 질문이며 당연한 것을 애써 어렵게 묻고 있는 것이라고 생각할 수도 있다. 많은 사람들은 폐기물을 불필요한 것, 소비하고 남은 것, 지저분하고 냄새 나는 것들이라고 쉽게 치부하는 것 같다. 자원순환사회 구축이라는 문맥에서 이러한 이해는 아무런 문제가 없는 것일까?

예를 들어 생각해 보자. 어떤 사람에게 불필요한 것이 다른 사람에게는 반드시 필요한 경우를 우리는 일상생활 속에서 흔히 볼 수 있다. 대표적으로 가정에서 불필요해진 가구나 의류 등이 타인에 의해 사용되는 경우를 생각해 보자. 필요한 사람이 있으면 이러한 것들은 재화로서 유용하게 다시 사용될 수 있지만 원하는 사람이 없으면 이것들은 폐기물 취급을 받게 되며 결국은 버려지게 된다. 즉, 일견 불필요하게 여겨지는 물건이라도 누군가 필요로 하는 사람이 나타나면 폐기물 취급을 받지 않게 된다는 것이다. 이와 같은 이해는 소비활동뿐만 아니라 생산활동에서 배출되는 것에 대해서도 동일하게 적용된다. 즉, 어느 기업(공장)에게는 불필요한 것이라 하더라도 다른 공장(기업)이 필요로 한다면 그것은 버려지지 않고 유용한 자원으로 활용될 여지가 있다는 것이다.

이렇게 생각해 보면 무엇이 폐기물이고 무엇이 폐기물이 아닌지 정확하게 구분하는 것이 결코 만만한 문제가 아니라는 것을 알 수 있다. 왜냐하면 앞서 언급한 것처럼 흔히 폐기물로 불려지는 것이 실제로는 재화 혹은 자원으로 거래되는 경우가 적지 않기 때문이다. 예를 들어, 지금은 어느 누구도 자원으로 보지 않는 오줌이 1970년대까지만 해도 고혈압 치료약의 원료로 수출되었다. 30대 이상의 남성이라면 누구나 화장실에 배치되었던 하얀색 플라스틱 통에 대한 기억이 있을 것이다. 즉 오줌이 지금은 폐기물로 취급되고 있지만 당시에는 귀중한 자원으로 사용되었던 것이다.

동일한 물건이 자원에서 폐기물로 혹은 폐기물에서 자원으로 바뀌는 현상을 어떻게 이해해야 할까. 경제학의 기초 분석수단인 수요 공급의 관점에서 살펴보면 폐기물의 실체가보다 분명해진다. 소비 및 생산과정에서 잔여물이 배출되었을 때, 배출은 공급으로 배출량은 공급량으로 간주할 수 있다. 공급된 잔여물에 대해 수요가 충분한 경우에는 잔여물은 재화 취급을 받는다. 한편, 잔여물의 공급량이 수요량을 상회하게 되면 수요가 없는 잔여물은 폐기물 취급을 받게 된다. 즉, 어느 물질이 폐기물에 해당하는지 여부는 물질 자체의 물리적 특성이 아니라 그 물질에 대한 수요와 공급상황에 따라 결정된다는 것이다.

한편, 폐기물은 마이너스 가격(폐기물과 화폐가 같은 방향)으로 거래되지만 이것이 폐기물이 자원으로 리싸이클될 수 없다는 것은 아니라는 점에는 주의할 필요가 있다. 많은 경우 폐기물은 일정한 비용을 들여 처리하게 되면 자원으로 전환이 가능하다. 폐기물을 자원으로 전환하는 데 드는 비용이 전환 후 얻어진 재생자원의 가격을 상회하는 수준까지 폐기물의 자원화는 촉진된다. 물론 비용을 들여도 자원으로 전환되지 않은 물질은 최종적으로 매립장에서 처분된다.

2. 폐기물과 자원의
상대성

재화의 가격은 수요와 공급에 의해 결정된다. 일반적으로 가격이 상승하면 수요는 감소하고 가격이 하락하면 수요는 증가한다. 한편, 가격과 공급량은 수요와는 정반대의 관계를 갖는다. 수요곡선과 공급곡선은 제1사분면에서 교차하고 여기에서 가격이 결정된다. 이것이 흔히 경제학원론 교과서에서 언급되고 있는 기본적인 내용이다. 그러나 폐기물의 세계에서는 상황이 달라진다.

폐기물의 수요 공급과 관련해서는 공급이 수요를 상회하는 경우가 일반적이며 제4사분면에서 두 곡선이 교차하게 된다.[2] 【그림2-1】는 이와 같은 상황을 나타내고 있다. 이러한 상황에서는 시장가격은 "0"가 된다. 수요량은 OA에 해당되는 부분이 되고 공급량은 OB만큼이 된다. 수요량과 공급량의 차이인 AB만큼은 수요가 없기 때문에 버려지게 된다. 버려진 것을 처리하는 방법은 두 가지가 있다. 첫 번째는 투입물의 형태로 생산과정에 투입되어 자원으로 활용하는 방법이다. 이것은 흔히 리싸이클이라고 불리는 활동이다. 리싸이클 활동 이후 생산되는 재생자원의 가격이 높은 경우 통상의 재화와 같이 유가물로 거래될 수도 있다. 두 번째는 환경부하를 유발하지 않기 위해, 즉 외부불경제를 발생시키지 않도록 적정 처리하는 방법이다. 버리는 행위(폐기)로 인한 외부불경제가 발생하지 않는다면 비용을 들이지 않고 버리는 것도 이론적으로는 가능하지만, 실제로는 외부불경제가 발생하지 않는 경우는 거의 없다.

---

2 제4사분면은 폐기물의 양은 플러스, 가격은 마이너스인 세계를 나타낸다.

【그림 2-1】 폐기물의 수요와 공급

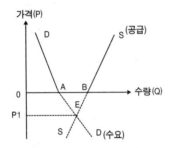

좀 더 알기 쉽게 폐타이어를 예로 들어 폐기물과 자원의 관계에 대해서 살펴보자. 일반적으로 품질이 좋은 폐타이어는 유가로 거래되어 리싸이클되지만 저질 폐타이어는 대부분 폐기된다. 폐기된 폐타이어의 일부는 시멘트 공장 등에서 보조연료로 사용된다. 상황에 따라서는 보조연료로 사용되던 폐타이어가 유가물로 거래되는 경우도 있다.[3] 그러나 여타 연료가격이 상대적으로 저렴하고 폐타이어의 공급량이 많은 경우, 시멘트 제조회사는 무리하게 폐타이어를 보조연료로 사용할 필요는 없다. 왜냐하면 폐타이어를 연소하기 위해서

---

3 예를 들어 여타 연료의 가격이 높다든지 폐타이어 공급량이 적다든지 하는 경우가 이에 해당한다.

는 이를 위한 설비와 노동력이 별도로 필요하여 이는 비용 발생을 초래하기 때문이다. 이러한 상황에서 시멘트 제조회사는 돈을 받고 폐타이어를 보조연료로 사용하게 된다.

【그림2-2】는 이러한 상황을 설명해 준다. DD곡선은 시멘트 제조회사의 폐타이어에 대한 수요곡선이고, SS곡선은 폐타이어를 공급하는 측의 공급곡선을 의미한다. 균형가격은 DD곡선과 SS곡선이 교차하는 E'점이 된다. 이때 균형가격은 P1으로 마이너스이다.

그렇다면 마이너스 가격은 무엇을 의미하는 것일까. 흔히 이것이 폐기물을 처리하는 데 드는 비용으로 생각되기 쉽지만 이는 잘못된 생각이다. 정확히 말하면, 처리비용에서 리싸이클에 의해 창출된 재생자원의 가격을 차감한 것으로 이해해야 한다. 즉 폐기물의 가격은 리싸이클로 인해 창출된 재생자원의 가격에서 처리에 드는 비용을 뺀 것과 같은 것이다.

다음으로 무언가의 영향으로 수요곡선과 공급곡선이 이동하는 경우를 가정해보자. 예를 들어 수요곡선이 DD에서 D'D'로 D' 이동하거나 공급곡선이 SS에서 S'S'로 이동한 경우, 수요곡선과 공급곡선은 제1사분면에서 교차하게 되며 플

러스의 가격이 형성된다. 앞에서도 언급되었지만, 폐기물과
자원은 수급상황에 따라 변하는 가변적인 것으로 이해되어
야 한다.

【그림 2-2】 폐기물과 자원의 관계

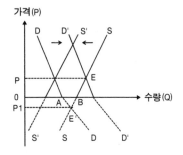

그렇다면 어떤 요인이 폐기물의 수요곡선과 공급곡선을
이동시키는 것일까. 소비과정과 생산과정에서 발생하는 폐
기물로 나누어서 생각해 보자. 먼저 전자의 경우, 소비와 폐
기물 발생 간에 관계를 나타낸 것을 폐기물의 공급곡선으로 생
각할 수 있으며 이 경우 공급곡선을 이동시키는 가장 큰 이유
는 소득이다. 왜냐하면 소득이 높아지면 기존의 쓰던 물건을
버리고 새로운 재화를 구입하여 사용하면 효용이 커지기 때
문이다. 또한 소비하는 재화의 가격도 공급곡선을 이동시키

는 요인이다. 대체제의 가격이 낮아지면 대체제의 소비가 증가하게 되고 이는 공급곡선을 왼쪽으로 이동시킨다. 한편, 수요곡선에는 중고품 업자, 회수업자 및 리싸이클업자 등의 수요가 반영된다. 이 곡선의 위치에는 각각 회수비용, 처리비용 그리고 리싸이클비용 등의 비용과 재생자원 시장 상황, 경합재화의 가격이 영향을 미친다. 회수비용, 적정처리 및 리싸이클비용이 커지면 폐기물의 수요곡선은 왼쪽으로 이동한다.[4] 특히, 포장용기 등과 같이 종류가 다양한 폐기물은 회수비용이 커짐에 따라 수요곡선의 왼쪽 이동이 여타 재화보다 크게 이동하게 된다. 결국, 소득이 커지면 커질수록 그리고 대체재 제품의 가격이 낮으면 낮을수록 공급곡선은 오른쪽으로 이동하고, 리싸이클된 소재나 부품의 가격이 낮으면 낮을수록 그리고 회수비용 및 리싸이클비용이 커지면 커질수록 수요곡선은 왼쪽으로 이동하게 된다.

한편, 생산과정에서 유래하는 폐기물의 경우도 사정은 유사하다. 기업의 생산활동에서 유래하는 부산물(폐기물관리법

---

4 폐기물을 자원으로 만드는 데에 비용이 많이 들어가면 수량을 기준으로 할 때 폐기물의 가격은 하락한다. 이를 그림으로 나타내면 수요가 하락하는 것으로 표현될 수 있다.

상의 사업장폐기물)은 생산활동이 활발해짐에 따라 공급곡선은 오른쪽으로 이동하게 된다. 수요곡선은 재생자원에 대한 수요를 나타내기 때문에 회수비용, 처리비용 및 리싸이클비용 등이 수요곡선의 위치를 결정하게 된다. 다시 말해, 경기가 호전되고 생산물의 판매량이 증가하면 폐기물의 공급곡선은 오른쪽으로 이동하고, 천연자원의 가격이 낮아지면 대체재 관계에 있는 재생자원에 대한 수요가 줄어들기 때문에 수요곡선은 왼쪽으로 이동하게 된다.

3. 폐기물은 왜
   줄지 않는 것일까?

재화를 생산하는 과정에는 비용이 든다. 생산과정에는 자본과 노동이 투입되기 때문이다. 그런데 물건을 버릴 때에도 비용이 든다는 사실을 아는 사람은 그다지 많지 않다. 경제학자들도 지난 수세기 동안 '폐기'라는 경제적 행위를 분석의 대상으로 바라보지 않았다. 하지만 이것은 어떤 의미에서는 지극히 당연한 것이기도 했다. 왜냐하면 실제로 수십 년 전까지만 해도 폐기 관련 비용은 여타 생산활동 관련 비용에 비해 무시할 수 있을 정도로 작았기 때문이다. 즉, 물질적으로 풍요

롭지 않은 경제에서는 물건이 남아도는 현상 자체가 그리 빈번하게 발생하지 않았고, 폐기되는 양도 생산량에 비해 매우 작은 양에 불과했다. 이와 같은 제반 상황들을 감안하여 경제학자들은 폐기는 비용이 발생하지 않는 경제적 행위로 암묵적으로 가정해 온 것이다.[5]

그러나 이러한 가정은 더 이상 실제 상황과 부합하지 않게 되었다. 현대사회에서는 재사용이 불가능한 물건뿐만 아니라 신제품이라고 해도 손색이 없는 물건 조차도 대량 폐기되고 있는 것이 현실이다. 폐기량의 급증으로 인해 이를 처리하는 비용도 기하급수적으로 늘어났다. 폐기관련 비용은 경제학적으로도 무시할 수 없을 정도로 커졌다. 폐기를 상당한 비용이 발생하는 경제활동으로 진지하게 바라봐야 할 시점에 와 있는 것이다.

폐기물 배출을 비용을 발생시키지 않은 행위로 무제한적으로 허용한 결과, 매립장의 부족현상이 두드러졌다. 경제학적으로 매립장이 부족하게 되면 '자원의 희소성'이 발휘되어

---

5 이를 무료처분(free disposition)의 가정이라고 한다.

폐기물의 매립비용이 필연적으로 증가하게 된다. 매립비용이 증가하면 이에 영향을 받아 폐기물 처리비용도 자연스럽게 상승하게 된다. 폐기물 처리비용의 상승은 폐기물 배출자로 하여금 폐기물 발생량을 줄이도록 유인하게 된다. 결과적으로 매립장 부족은 폐기물 발생량의 감소로 이어진다. 그러나 현실은 그렇지 않다. 여전히 폐기물 발생량은 지속적으로 증가하고 있다. 왜 그럴까. 폐기물 배출장소에 따른 분류인 생활폐기물과 사업장폐기물로 나누어 살펴보자.[6]

현행 폐기물관리법에 따르면 생활폐기물의 처리책임은 지방자치단체에게 있다. 각 지방자치단체는 관할 구역에서 발생하는 생활폐기물의 처리 계획을 세우고 폐기물의 회수 및 처리가 효율적으로 이루어지도록 해야 한다. 또한 폐기물의 발생 및 배출 억제에도 힘써야 한다. 현재 이러한 활동에 소요되는 비용은 국민들이 부담하는 세금으로 충당되고 있다. 그러나 생활폐기물을 처리하는 데에 얼마나 많은 세금이

---

6 생활폐기물은 사업장폐기물 외의 폐기물을 말하며, 사업장폐기물은 각종 환경관련법이 규정하는 배출시설을 설치·운영하는 사업장, 지정폐기물을 배출하는 사업장, 폐기물을 1일 평균 300kg 이상 배출하는 일련의 공사·작업 등으로 인하여 폐기물을 5톤 이상 배출하는 사업장에서 발생하는 폐기물을 말함.(폐기물관리법 제2조)

비용으로 쓰여지고 있는지에 대해서는 공식적으로 발표되고 있지 않다. 최근에 와서야 비로소 중앙정부가 생활폐기물 처리를 종합적으로 파악하고자 하고 있다.[7] 그러나 보다 중요한 것은 국민이 부담하고 있는 비용 안에는 '희귀자원으로서의 매립장 가격'이 반영되어 있지 않다는 점이다.

사실 생활폐기물 처리에 매립장의 실제 가격이 반영된다 하더라도 이 비용은 세금으로 충당되기 때문에 배출자인 주민에게 명확한 비용으로 인식되기는 어렵다.[8] 지방자치단체에 따라서는 보유 매립장이 고갈 직전인 경우도 있으며, 이런 경우 처리비용은 상당히 높은 수준이어야 하지만 현실은 전혀 그렇지 않다. 즉 폐기물 배출자에게 통상의 재화 및 서비스와는 달리 가격 신호가 영향을 미치고 있지 못하고 있다는 것이다. 참고로 우리나라는 1995년 이후 전국적으로 '쓰레기 수수료 종량제'가 실시되고 있다. 그러나 대부분의 경우 경제학적으로 주민이 부담해야 하는 비용보다 매우 낮은 수준에서

---

7 환경부는 2015년부터 전국 지방자치단체가 설치 및 운영하고 있는 폐기물처리시설 실태를 평가하기로 함.(2014년 2월 발표)

8 단적으로 말하면 대량으로 폐기물을 배출해도 폐기물 배출에 대한 한계비용(Marginal Cost)는 제로에 가깝게 느끼고 있다고 할 수 있다.

처리비용이 징수되고 있다.[9] 결국 매립장이 고갈되고 처리비용이 상승한다 하더라도 배출자가 발생억제 및 배출억제[10]에 노력하게 하는 시스템이 부재하다는 것이다. 현행 시스템 하에서는 생활폐기물량이 지속적으로 줄어드는 상황은 사실상 기대하기 어렵다고 할 수 있다.

한편, 사업장폐기물의 경우 처리서비스는 생활폐기물과는 달리 시장 기능이 작동하고 있다. 매립장의 고갈은 처리서비스 요금의 인상에 부분적으로나마 반영되고 있다. 그러나 여기에는 시장기능을 훼손시키는 상황이 존재한다. 대표적으로 불법처리, 불법투기 및 불법적인 해외수출이 여기에 해당한다. 불법처리란 법과 제도가 규정한 절차에 따르지 않는 처리를 의미하고 불법투기란 사업장폐기물을 매립장 이외의 장소에 매립 혹은 방치하는 경우를 의미한다. 불법적인 해외수출이란 유해폐기물의 월경이동을 규제하고 있는 바젤협약(Basel Convention)을 준수하지 않고 유해폐기물을 해외로 수출

---

9 환경정책평가연구원 조사 결과(2011)에 따르면, 주민부담률(종량제 봉투 판매수입 / 생활폐기물의 수집,운반,처리에 드는 비용)은 2009년 기준으로 32.5%에 불과한 것으로 나타남.

10 발생억제란 폐기물이 발생하지 않도록 하는 것이며 배출억제란 생산 및 소비과정에서 폐기물이 배출된다 하더라도 폐기물이 재활용 등을 통해 최종적으로 폐기물이 되지 않도록 하는 것을 의미한다.

하는 행위를 나타낸다.

이와 같이 비정상적인 처리 방법이 있는 한, 사업장폐기물은 적정한 처리비용을 들이지 않고 저렴한 처리방식으로 흘러갈 가능성이 있다. 따라서 정상적인 상황이라면 매립장 처리비용이 상승할 경우 이를 반영하여 적정처리 비용도 상승해야 하지만 실제로 이와 같은 일은 발생하지 않고 있다. 사업장폐기물의 발생억제와 배출억제가 진전되지 않는 것은 이와 같은 이유가 있기 때문이다.

즉 생활폐기물의 경우 폐기물을 거래하는 시장 자체가 존재하지 않으며 사업장폐기물의 경우는 폐기물 거래시장은 있지만 이를 회피하여 저렴하게 처리할 수 있는 방법이 있기 때문에 폐기물 처리가 효율적으로 이루어지지 못하고 있다. 결과적으로 생활폐기물과 사업장폐기물의 배출자인 가계와 사업장은 폐기물 배출량을 줄이려고 노력할 필요가 없으며 이는 폐기물 배출량의 지속적 증가를 초래하고 있는 것이다.

4. 자원순환사회와
   적정 리싸이클

건전한 폐기물 거래시장이 형성되어 있다면, 즉 고갈자원
으로서의 매립장 이용요금(매립비용)이 폐기물 처리비용에 충
실히 반영되고 또한 처리비용이 배출자에게 적절하게 전가
되어 폐기물 처리가 이루어지는 경우, 적정 리싸이클 수준은
어떻게 될까.

이 문제에 앞서 분명히 해 두어야 할 것은 폐기물의 리싸
이클, 소각 후 처리의 매립 및 소각처리 없는 매립은 기본적으

로 상대적이라는 점이다. 왜냐하면 이들은 다양한 폐기물 처리 방법 중 하나이기 때문이다. 간단한 예를 하나 들어보자.

종이박스를 제조하는 공장이 있다고 하자. 이 공장에서는 종이박스를 제조하는 과정에서 종이 쪼가리가 대량 발생하게 된다. 재질은 균일하며 여타의 이물질의 혼합은 없다고 하자. 이 잔여물은 어떠한 경로를 통해 처리될 것인가. 만약 잔여물에 대한 수요가 충분하다면 유가물의 형태로 통상의 자원과 동일하게 시장에서 거래될 것이다. 경우에 따라서는 자사 공장에서 자원으로 재투입될 수도 있을 것이다. 그러나 수요가 충분하지 못한 경우에는 가장 비용이 저렴한 방식으로 잔여물이 처리될 것이다. 소각비용이 상대적으로 저렴하다면 소각처리가 될 것이고 리싸이클이 가장 비용이 적게 든다면 리싸이클 프로세스에 투입될 것이다.

중요한 것은 희소자원으로서의 매립장이 고갈되어 감에 따라 매립비용은 상승하고 그리고 이에 따라 소각 후 매립과 직접매립 비용도 상승한다는 점이다. 비용상승이 이어진다면 경제적으로 보다 저렴한 처리를 가능하게 하는 대체기술 개발이 촉진될 것이다. 대체기술의 채택을 통해 매립양은 줄어들 것이다. 이것이 재사용일 수도 있고 리싸이클일 수도 있다. 어느 쪽이든 간에 비용이 적게 드는 방법으로 잔여물은 처리된다. 그리고 매립비용의 지속적 상승과 함께 이전에는 경제적으로 채산성이 맞지 않았던 재사용 혹은 리싸이클 관련 기술이 시장성을 갖게 된다.

이렇게 생각해 보면 소각, 매립, 재사용 및 리싸이클 처리는 당위적으로 어느 하나를 반드시 선택해야 하는 관계가 아니라는 것을 알 수 있다. 잔여물의 실제 처리비용이 거래에 충실히 반영되는 한(즉 폐기물 거래시장이 건전하게 기능하는 경우) 물건에 따라 상대적으로 가장 저렴한 처리경로를 선택하면 되는 것이다. 즉, 일률적으로 리싸이클을 해야 하는지 혹은 하지 말아야 하는지에 대한 질문에 정답이 없다는 것은 이와 같은 측면에서 볼 때 매우 분명한 사실이다. 예를 들어 폐지의 경우 절반 정도까지 리싸이클 처리하는 것이 소각 및 매립비용보다 저렴하다면 그 정도까지만 리싸이클하는 것이 합리적이다. 만약 정책적으로 폐지의 전량 소각을 추진하고자 한다면 지방자치단체는 소각 후 처리비용이 급증하여 재정적 어려움에 빠질 것이다. 게다가 폐지가 전부 소각되면 폐지로 종이박스를 제조하는 국내 업계는 원료를 공급받지 못해 경영이 몹시 어려워질 수 있다. 이것이 경제적으로 그리고 환경적으로 얼마나 어리석은 선택인지는 어렵지 않게 알 수 있다.

매립장의 경제학

가정과 사업장에서 배출된 폐기물 중 일부는 리싸이클되지만 이러한 재생자원도 결국 최종적으로는 매립장에서 처리된다. 다시 말하면, 폐기물 처리에는 매립장이라는 자원이 투입되어야 한다는 것이다. 매립장을 무한정 만들 수 있다면 그다지 큰 문제가 되지 않겠지만, 비좁은 국토 및 님비현상(NIMBY) 등을 감안할 때 이는 매우 비현실적이다. 즉, 매립장은 언젠가는 고갈될 소중한 자원이며 그런 의미에서 일종의 재생불가능자원으로 볼 수 있다.

재생불가능자원은 완전경쟁시장에서 거래될 때, 그 가격은 호텔링정리(Hotelling's rule)에 따라 상승하며, 완전경쟁시장에서 성립한 호텔링정리는 재생불가능자원의 최적이용을 보증하는 것으로 알려져 있다. 호텔링정리에 따르면 재생불가능자원의 가격상승률은 장기이자율과 동일하게 된다. 이 정리에 따라 재생불가능자원을 이용한다면 파레토최적의 자원배분이 실현될 수 있다.

한편, 우리나라는 2013년 현재 전국에 292개의 매립시설이 있으며 이중 지방자치단체가 전체의 약76%에 해당하는 221개 소를 운영하고 있다. 민간부문은 나머지인 71개 소를 운영하고 있다. 매립량은 약3.6만톤(일)이 발생하고 있으며 현재의 매립용량을 감안할 때 매립잔여연수는 13년 정도로 알려져 있다. 그러나 문제는 생활 및 사업장 폐기물의 매립장 이용비용이 지난 십수 년간 거의 변화하고 있지 않으면서 특히 지자체 운영 매립장의 부실로 이어지고 있는 현실이다. 기존 매립장 운영 부실과 신규 대체지 확보의 어려움 속에 2016년까지 사용하기로 계획된 수도권 매립지의 이용을 연장하기로 한 환경부, 서울시, 인천시, 경기도의 합의는 시사하는 바가 크다. 매립지 이용 기간이 연장되면서 폐기물 반입수수료 인상으로 이어졌는데,

건설폐기물의 경우 2015년 8월 1일자로 1톤당 반입수수료가 약 8,665원(20.3%) 인상되었고, 2016년 1월 1일부터는 1톤당 반입수수료가 7만 7,092원으로 2만 5,697원(50%)이 인상된다. 생활폐기물의 경우도 2016년부터 3년간 매년 22.3% 인상된다.

서울시와 경기도는 생활폐기물 직매립 제로화 정책을 추진하고 있다. 직매립 제로화 정책과 매립지 이용 연장에서 시작된 반입수수료 인상은 나비효과를 일으켜 쓰레기 봉투 인상으로 이어지고, 결과적으로는 재활용의 비율을 증가시켜 폐기물의 자원화로 이어지게 된다.

5. 폐기물 거래와
정보의 비대칭성

　　폐기물 거래에는 두 가지 종류의 정보의 비대칭성이 존재한다. 첫 번째는 배출자가 배출물의 내용과 성상에 대한 정보를 위탁 처리업자에게 전달하지 않는 것에서 기인하는 정보의 비대칭성이다. 배출자가 제조업자인 경우, 흔히 기업 기밀 등을 이유로 배출물에 대한 정보를 제대로 알리지 않는다. 위탁 처리업자가 폐기물의 내용 및 성상을 파악하고 있다면 좀 더 효율적인 리싸이클도 가능하지만 그러기 위해서는 추가 비용이 발생하는 만큼 이들이 폐기물을 분석하려는 유인을 갖기는 어렵다. 두 번째는 위탁 처리업자가 처리내용을 배출자에게 전달하지 않는 것에서 유인하는 정보의 비대칭성이다. 일반적으로 배출자는 폐기물 처리에 관한 정보를 가지고 있지 못하며 위탁 처리업자가 관련 정보를 얻게 된다. 위탁 처리업자가 가지고 있는 정보가 배출자에게 전달되기 어려운 상황에서는 배출자는 처리비용 억제가 가장 큰 관심사가 되기 때문에 위탁 처리업자는 배출자를 속이고 적정하지 않는 방법으로 폐기물을 처리하는 유인을 갖게 된다.

이러한 두 가지 정보의 비대칭성이 존재하게 되면, 질 좋은 리싸이클 서비스는 시장에서 자연스럽게 구축(crowding-out)되게 된다. 왜냐하면 질 좋은 서비스는 질 낮은 서비스에 비해 일반적으로 처리업자에 의한 제시비용이 높게 설정되기 때문이다. 결과적으로 시장에는 질 낮은 서비스만이 남게 된다. 이러한 상황을 '역선택'이라고 한다. 폐기물 거래에 아무런 제약도 없는 상황에서는 역선택 상황이 발생하기 쉽기 때문에 무조건적으로 폐기물 처리를 시장에 맡겨서는 안 되는 것이다. 그러나 시장의 거래촉진 기능을 살리면서도 정보의 비대칭성에 기초한 역선택 상황을 방지하는 것은 결코 간단한 일은 아니다. 정보의 비대칭성을 해소하기 위해 배출자는 위탁 처리업자에게 배출물의 내용 및 성상에 관한 정보를, 위탁 처리업자는 배출자에게 처리내용을 정확하게 전달하게 하는 폐기물 유통구조를 만들어야 한다. 어떻게 하면 될까.

먼저, 첫 번째 유형의 정보의 비대칭성 문제를 해결하기 위해서는 배출자의 책임강화가 필요하다. 폐기물을 위탁 처리하는 경우, 처리 이후의 과정에 관한 책임은 전적으로 처리업자에게 있지만, 배출자에게도 위탁 후 과정에 대해서 일정부분 책임을 지게 하는 조치가 필요하다. 특히 불법투기가 발각된 경우 배출자도 책임에서 자유롭지 못하도록 해야 한다. 이러한 상황이 조성되면 배출물의 내용 및 성상에 관한 정보가 어느 정도 위탁 처리업자에게 전달되게 된다. 배출자 책임강화의 또 다른 장점은 처리업자가 처리내용에 대한 정보획득에 더욱 노력하게 된다는 것이다. 배출자의 책임강화는 배출자가 고품질(폐기물 발생이 적은) 원재료 조달에 노력하게 되며, 비용을 들여서라도 우수한 처리업자에 대한 정보를 얻고자 하는 유인이 발생한다. 게다가 우수 처리업자와의 사이에 신뢰관계가 구축되면 배출물의 내용 및 조성에 관한 정보가 보다 원활하게 전달될 수 있다. 최근, 환경회계, 환경보고서 및 지속가능보고서를 발간하는 기업이 늘어나면서 이제까지 거의 주목하지 않았던 폐기물 처리도 주목 받고 있다. 자사가 위탁한 처리업자가 불법처리 혹은 불법투기 행위로 발각 되면, 불법 행위에 대한 처벌에서 끝나지 않고 발주한 자사의 기업이미지도 크게 훼손되는 사태로까지 발전할 수 있다.

두 번째 정보의 비대칭성 해소를 위해서는 적법처리시스템(Manifest)이 효과적이다. 적법처리시스템이란 사업장폐기물이 배출자로부터 수집 / 운반업자, 중간처리업자, 매립장으로 이동할 때마다 적정 운반 및 처리 관련 정보가 배출자에게 전달되는 시스템이다. 적법처리시스템이 잘 작동하게 되면 배출자에게 수집·운반 및 처리에 관한 정보가 적절히 제공되기 때문에 정보의 비대칭성을 해소할 수 있게 된다. 우리나라도 '올바로시스템'이라는 이름으로 시행되고 있으며 사용 대상도 점차적으로 확대되고 있다. 그러나 실제는 이론만큼 간단하지가 않다. 배출된 폐기물은 중간처리 단계에서 여타 사업장에서 배출된 폐기물과 혼합되는 경우가 많다. 즉 배출자와 폐기물의 관계를 분명하게 특정하기 어려운 경우가 비일비재하다. 또한 매립장에서 매립되는 경우에도 유사하게 어떤 잔사가 어느 배출자의 폐기물에서 기인한가를 밝히기가 용이하지 않다. 따라서, 적법처리시스템을 구축했다고 해서 정보의 비대칭성 문제가 완전히 해결되는 것은 아니다.

6. 자원순환사회
구축과 정책

    각종 제도 및 정책을 통해 자원순환 흐름에 변화를 가져오고자 할 경우에는 스톡(stock) 관리와 플로(flow) 제어[11]라는 두 가지 차원에서 검토가 필요하다. 스톡 관리란 사용 후 제품 / 부품 / 소재 등을 스톡으로 관리하면서 폐기물의 적정처리 및 리싸이클을 촉진하는 것이다. 한편, 플로 제어란 제품

---

11 스톡이란 부와 자본처럼 어느 특정 시점에서 측정할 수 있는 경제량이고, 플로란 소득과 투자와 같이 어느 기간으로 측정할 수 있는 경제량을 의미한다.

및 사용 후 제품 등의 플로를 제어하여 자원순환을 촉진시키는 것을 의미한다. 물론 두 가지 방법 모두 실효성 있는 시행을 위해서는 비용이 수반된다. 스톡 관리와 플로 제어 중 어느 한쪽이 보다 효과적인 경우도 있지만 두 가지를 조합해서 조치를 강구해야 할 경우도 있다.

예를 들어 사용 후 제품이나 사용 후 제품을 재사용/리싸이클한 후의 잔사를 매립하는 경우를 생각해 보자. 매립 그 자체는 플로와 관계가 깊지만 매립 처리한 후 매립장에 남는 폐기물은 스톡으로 볼 수 있다. 즉 소각, 매립 등의 처리방식은 결국은 스톡 관리적인 측면이 강하다고 볼 수 있다. 이에 비해 재사용/리싸이클 촉진은 플로 제어에 가깝다고 할 수 있다. 왜냐하면 통상적으로 재사용 혹은 리싸이클은 일정 기간 내 배출된 사용 후 제품, 부품, 소재 등을 일정 기간 내에 처리하는 것을 의미하기 때문이다. 순환형사회의 '순환'이라는 용어도 플로에 의해 자원순환이 제어되는 상황을 강하게 시사하고 있다.

그러나 자원순환사회 구축을 위해 스톡 방식을 따를지 플로 방식을 채택할지에 관한 선택은 환경부하를 포함한 사회적 비용의 크기에 의해 결정해야 한다. 이와 관련 일반적으로 폐기물의 스톡 관리는 크게 두 가지의 문제가 지적되고 있다.

첫 번째는 사용 후 제품을 스톡 관리할 수 있을 정도로 큰 공간이 남아있지 못하다는 것이다. 경제활동으로 인해 발생한 잔여물 중에는 대량으로 발생하여 오염이 초래되는 경우와 소량임에도 불구하고 오염이 심화되는 경우가 있다. 특히 전자의 경우 스톡 관리는 물리적으로 곤란하다. 전형적인 예로, 토목공사 중에 발생하는 아스팔트 콘크리트 덩어리를 생각해 보자. 아스팔트 콘크리트 덩어리는 대량으로 발생하기 때문에 오염이 초래될 우려가 있으며, 이를 매립한다면 스톡 관리를 위한 공간이 급속히 줄어들게 된다. 두 번째는 매립 처리된 것 중에는 소량임에도 불구하고 환경오염 가능성이 매우 큰 물질이 포함되어 있다는 것이다. 석탄회는 일반적으로 매립 처분되지만 이 중에는 납과 같은 중금속을 포함한 유해물질이 다량 포함되고 있는 경우가 있다. 물론 매립 처리되는 폐기물 중에는 철, 동 등 자원으로 활용이 가능한 물질도 존재한다. 오염물질이 실제로 오염을 발생시키지 않고 처리를 통한 자원으로 활용하기 위해서는 별도의 비용이 필요하다.

한편, 일반적으로 성상에 대한 정보가 충분치 않은 물질에 대해서는 플로 제어가 효과적이다. 이 경우, 유해성 관련 정보가 투명하게 흐를 수 있는 제도적 장치가 필요하다. PRTR[12](오염물질 배출 및 이동에 관한 등록제도)이나 앞서 언급했던 적법처리시스템은 플로 제어의 일종으로 볼 수 있다. 플로 제어와 관련하여 최근 가장 각광을 받고 있는 정책수단이 확대생산자책임(Extended Producer Responsibility)이다.

EPR이란 간단히 말해 생산물의 사용 후 단계까지 생산자가 금전적 혹은 물리적 책임을 지는 것이다. 달리 말하면 경제활동에서 발생하는 잔여물이 폐기물로 처리되지 않도록 하기 위해 또는 폐기물로 취급되는 경우에도 가능한 재사용, 리싸이클 및 적정처리되도록 생산자에게 일정한 책임을 지우는 것이다. 이제까지 생산자는 제품의 사용 후 단계에 대해서는 전혀 책임을 지지 않았기 때문에 제품의 생산부문과 폐기부문은 연관성을 갖지 못하고 단절되어 있었다. 이와 같은 상황에서는 사용 후 제품에 대한 효과적인 플로 제어는 기대하

---

12 Pollutant Release Transfer Register의 약자로 공장에서 배출되는 화학물질의 종류와 양을 공개토록 하는 제도로 우리나라는 1999년부터 시행

기 어렵다. 생산자는 본인이 설계하고 생산한 제품에 대해 여타 경제주체보다 정보를 많이 가지고 있다. 특히 사용 후 단계에 있어서의 유해성에 대해서는 거의 독점적인 정보를 가지고 있다. 생산자에게 사용 후 제품의 처리에 대해 일정한 책임을 지우게 되면 제품의 자원적 가치를 현재화하려는 동기부여와 함께 비용 절감이 가능해 진다. 다만, 여기에서 주의해야 할 점은 생산자에게 과중한 책임을 지우는 것이 중요한 것이 아니라 이를 통한 효과에 주목한다. 대상이 되는 제품의 특성, 생산자의 구성, 생산자와 기존 리싸이클 업체 간의 협력 등을 종합적으로 고려하여 구체적인 책임 방식을 고려해야 한다는 것이다.

결국 EPR을 통해 생산자는 폐기물을 발생시키기 어려운 설계 혹은 재사용 및 리싸이클이 용이한 설계에 힘을 쏟을 것이며, 이는 환경친화설계(Design for Environment)를 강화하도록 영향을 미친다. 즉, EPR은 생산자에 대한 금전적 혹은 물리적 책임의 부과를 통해 원료조달에서 폐기에 이르는 전 과정에 관한 플로를 제어하기 위한 방법이라 할 수 있다. 특히 매립장이 고갈되면서 매립비용이 상승하는 상황에서 스톡 관리에 드는 비용이 급속히 증대되기 때문에 플로 제어가 경제적으로 유리한 선택이 된다.

현재, 우리나라도 2003년부터 EPR 개념을 반영하여 기존 적법처리 중심의 폐기물정책을 자원순환 중심으로 제도를 전환하였다. 새롭게 구축된 제도는 생산자에게 일정량의 사용 후 제품에 대한 경제적 그리고 물리적 책임을 지우는 것을 주요 내용으로 하고 있다. 특히, 가전제품 생산자의 경우는 배출자로부터 무료로 회수하고, 회수된 사용 후 제품은 모두 리싸이클 처리를 해야 한다.

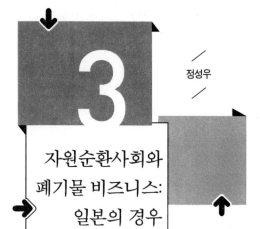

3

정성우

자원순환사회와
폐기물 비즈니스:
일본의 경우

1. 자원순환사회 구축을 위한 법제도 정비 및 특징

일본에서는 1970년 '폐기물처리법'의 시행과 함께 폐기물관리가 본격적으로 시작되었다. 동법은 생활환경의 보전과 공중위생의 향상 등 위생처리문제를 해결하기 위해 제정되었다. 이후 고도성장기 시기를 배경으로 각종 공해사건들도 발생하였으나 관련 대책도 점차 강화되어 1980년대에 들어서는 세계적으로도 높은 수준의 위생처리가 가능해졌다. 1990년대에는 불법투기의 증가와 매립장 부족문제가 긴급

현안으로 부상하였다. 특히, '토요시마 사건[13]'으로 사업장폐기물의 불법투기가 심각한 상황이라는 것이 세상에 알려졌으며, 이는 배출자 책임이 도입되는 등 각종 시책이 강화되는 배경으로 작용했다. 한편, 매립장 부족문제가 장기화되자, 일본 정부는 자원순환사회 구축을 통해 폐기물 관련 문제를 해결하고자 하였다.

구체적인 자원순환사회 구축을 위한 일본의 법제도 정비 상황은 【그림 3-1】과 같다. 환경기본법을 최상위 규범으로 각 법률이 계층구조를 이루고 있다. 즉, 자원순환을 규제하는 순환형사회형성추진기본법(이하, 순환기본법)은 환경기본법의 하위법률로 되어 있다. 순환기본법은 물질의 라이프사이클 전체 관점에서 자원의 효율적 이용과 환경부하의 저감을 통합적으로 규정하고 있다는 점에서 큰 의미를 갖는다. 그리고 순환기본법에 근거하여 폐기물처리법과 자원유효이용촉진법이 효력을 갖게 된다. 개별 리싸이클법은 리싸이클[14] 촉진

---

13 토요시마종합관광개발사가 1975년부터 16년간 약 56만 톤에 달하는 사업장폐기물을 불법 투기한 것을 효고현 검찰이 1990년 적발한 사건

14 일본의 법률에서는 recycle에 해당하는 개념으로 '재상품화'라는 용어가 적용되고 있으나, 이해의 편의성을 위해 리싸이클로 통일해서 사용하기로 한다.

을 통해 재생자원의 이용을 공급측면에서 규제하는 법률인데 비해 그린조달법은 공공부문에 의한 재생품 구입 의무화 등 수요측면을 규제하는 법률로 볼 수 있다.

일본의 자원순환 관련 법체계는 크게 4가지 특징을 가지고 있다. 첫째, 여타 법률에 비해 폐기물처리법의 비중이 매우 크다. 동법은 폐기물의 처리 및 리싸이클 전반을 규제하는 가장 오래된 법률인 만큼, 폐기물의 정의, 분류 및 이에 따른 시설 허가 등 폐기물 전반의 내용을 담고 있다. 또한 동법은 법률의 성격상 톱다운(top-down) 방식의 규제가 대부분을 차지하고 있다. 당연히 개별 리싸이클법은 폐기물처리법의 내용에 위반하는 내용을 담을 수 없다.[15] 둘째, 광범위한 EPR의 도입이다. 소형가전 리싸이클법을 제외한 대부분의 개별 리싸이클법에는 EPR의 원리가 다양한 방식으로 적용되었다. 예를 들어 용기포장 리싸이클법의 경우에는 용기포장 제조업체와 용기 사용으로 편익을 얻는 유통업자 등이 사용 후 용기

---

15 예외적으로 소형가전 리싸이클법은 리싸이클 촉진을 위한 규제보다는 각 주체의 자발적 노력을 강조하고 있다. 동법은 높은 수준의 리싸이클이 가능한 주체에 대해서만 폐기물처리법상의 제한을 일부 완화하는 등 규제완화를 통한 적정 리싸이클 촉진을 목표로 하고 있다.

포장재에 대한 금전적 책임을 진다. 즉, 이들은 자사가 생산 혹은 사용한 용기포장의 처리 및 리싸이클에 드는 비용을 일정 부분 부담한다. 자동차 리싸이클법의 경우에는 자동차 제조업체는 자사가 생산한 자동차가 폐기될 경우 프레온 가스, 에어백, ASR(Auto Mobile Shredder Residue)의 3품목에 대한 리싸이클 의무를 진다. 우리나라 『전기·전자제품 및 자동차의 자원순환에 관한 법률(자원순환법)』에서는 프레온 가스, 에어백은 해체재활용업자에 처리 의무가 있고, ASR 분리 배출은 파쇄재활용업자, ASR물질재활용은 파쇄잔재물재활용업자에 의무를 부여한 것과 비교하면 적극적인 재활용 제도라 할 것이다.

또한, 가전 리싸이클법에서도 대상인 4개 제품 제조업자는 지정 인수장소에 모인 사용 후 가전제품을 리싸이클 공장까지 운반하여 리싸이클할 의무를 지닌다. 셋째, 개별 리싸이클법의 수직적 계층구조이다. 즉, 개별 리싸이클법은 폐기물처리법과 자원유효이용법의 하위법으로의 성격은 강한 반면, 이들 간 횡적인 연관관계는 상대적으로 약하다. 예를 들어 자동차 리싸이클법과 가전 리싸이클법은 원칙적으로 전혀 관계가 없으며 유기적으로 연결되어 있지도 않다. 이 때문에 이들 법은 비용 절감 등을 위해 리싸이클 공정을 공동으로 운영하는 방안 등은 전혀 고려되고 있지 않으며, 각각 상이한 기준에 따른 법적 리싸이클을 상정하고 있다. 예를 들어 가전 리싸이클법에서는 가전제품 제조업체에 의해 재사용되거나 시장에서 유기물로 거래되지 않는 경우 리싸이클로 인정되지 않지만, 자동차 리싸이클법에서는 법에 규정한 3품목 이외의 부품 및 소재도 리싸이클에 포함된다. 이는 자동차와 가전이라는 상이한 물리적 특성 등이 고려된 결과로 보이지만 실제로 금전적 부담을 지는 일반 소비자들의 이해를 어렵게 하는 요인이기도 하다. 넷째, 적법 처리 및 리싸이클에 드는 비용의 징수 방법이 개별 법률마다 상이하다. 용기포장 리싸이클법에서는 용기포장의 내용물 가격에 적정처리 및 리싸이클 비용이 모두 포함되어 있으며, 별도로 소비자에게 청구하고 있지 않다. 한편, 자동차 리싸이클법에서는 자동차 구입시에 별도로 상기 언급한 3개 품목의 적정처리 및 리싸이클 비용이 구매자로부터 징수된다. 징수된 비용은 별도로 설치된 '자금관리법인'에 의해 관리되어 폐차 시 사용된다. 이와 달리 가전 리싸이클법에서는 가전제품이 폐기될 때 소비자(배출자)가 적정처리 및 리싸이클 비용을 지불하도록 되어 있다. 이로 인해 배출단계에서 불법투기가 유발될 가능성이 있으며 중고상으로 흘러들어간 가전제품 역시 적정처리되지 않을 우려가 있다.

【그림 3-1】 일본의 자원순환 관련 법체계

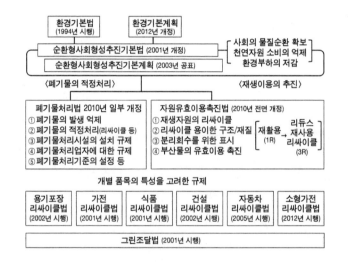

출처: 일본 경제산업성 홈페이지(www.meti.go.jp)}

2. 자원순환사회 구축과
비즈니스 활성화

1) 물질흐름(Material Flow)의 변화와 비즈니스 시장

자원순환사회 관련 법제도 시행은 천연자원 및 폐기물을 포함한 전체 물질 흐름에 어떠한 영향을 미쳤을까. 순환기본법이 제정된 2000년과 최근 데이터인 2011년과의 물질 흐름을 비교한 것이【그림 3-2】이다. 물질 흐름의 변화를 구체적인 지표를 중심으로 투입(Input), 순환(Circulation), 산출(Output)의 세 가지 측면으로 나누어서 살펴보자.

먼저, 투입측면에서는 천연자원 투입량의 GDP에 대한 비율을 나타내는 '자원생산성[16]'이 톤당 25만 엔에서 39만 엔으로 10여년 만에 약 56%가 향상되었다. 다만, 이는 최근 공공사업의 축소로 자원생산성이 낮은 토석계자원의 투입량이 줄어든 데에 기인하는 측면이 크게 작용하였다. 다음으로 순환측면 지표인 순환이용률[17]은 소폭이나마 증가세(10% → 15%)를 보였다. 이는 앞서 살펴본 바와 같이 용기포장, 가전, 자동차 등을 대상으로 하는 개별 리싸이클법이 순조롭게 실시되어 생산활동에 재투입된 폐기물이 많아진 결과로 이해할 수 있다. 또한, 순환이용량의 증가는 국내 자원 투입량을 감소시켜 천연자원의 투입량 감소에 기여하였다. 마지막으로, 산출측면에서는 폐기물의 매립량 변화를 나타내는 최종 매립량이 5,600만 톤에서 1,700만 톤으로 약 60%가 감소했다. 2011년 현재 일반폐기물과 사업장폐기물의 매립비율(매립량 / 총발생량)은 각각 11.2%와 4.0%로 매우 낮은 수준을 보이고 있다.

---

16 천연자원투입량은 경제활동에 투입되는 모든 물질을 '중량'으로 환산되기 때문에 가격이 싸고 무거운 건설용 광석의 투입량 변동이 지표에 미치는 영향이 크다는 문제점이 있다.

17 순환이용률＝(순환이용량)/(순환이용량＋천연자원 투입량)

결론적으로 자원순환사회 구축을 통해 천연자원 투입량 감소 및 순환이용 확대가 두드러졌으며 최종 매립량은 큰 폭으로 줄어드는 성과를 거두었다고 할 수 있다.

【그림 3-2】 일본의 물질 흐름 변화

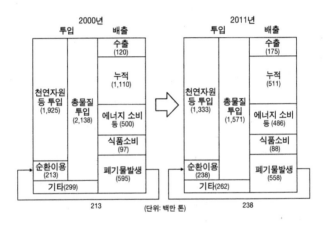

출처: 일본 환경성 환경백서(2014)를 기초로 저자 작성

한편, 순환형사회 구축 관련 법제도 정비 이후, 일본의 순환형사회 비즈니스 관련 시장은 거시경제 상황에 일차적으로 영향을 받으면서도 전반적으로 꾸준히 성장해 왔다. 일본 환경성 자료에 따르면 2000년에는 39.3조 엔 수준이던 순환형

사회 비즈니스 시장이 2008년에는 48.6조 엔 수준까지 성장하였다. 이후 글로벌 금융위기를 배경으로 경기침체가 이어지자 순환형사회 비즈니스 관련 시장도 위축되었고 금융위기로부터 점차 회복되면서 시장도 회복세로 돌아섰다. 가장 최근인 2012년에는 43.0조 엔 대로 2005년 수준을 회복하였지만, 아직 금융위기 이전 수준까지 회복한 상태는 아니다. 그러나 전체 산업에서 순환형사회 비즈니스가 차지하는 비율은 4.2%(2000년)에서 5.0%(2012년)로 소폭이긴 하지만 증가하였다. 즉, 순환형사회 비지니스는 경기가 회복됨에 따라 여타 산업보다 빠른 속도로 성장하는 산업으로서의 특징을 보이고 있다. 일본에서 순환형사회 비즈니스는 식품업계 시장(43.9조 엔)에 육박할 정도로 비중이 결코 적지 않은 산업으로 자리잡았다고 할 수 있다.

순환형사회 비즈니스는 세부적으로 크게 폐기물처리 / 재자원화 부문과 자원 / 기기의 재이용 부문으로 분류할 수 있으며 대략적인 비율은 1:9 정도이다. 전자는 자원의 효율적 이용과 리싸이클 서비스로 구성되며, 후자는 리싸이클 소재, 중고품 / 재사용, 개선 및 수선 등으로 세분화된다. 특히, 자원 / 기기의 재이용 부문 중에서 리싸이클 소재 부문이 순환형사회 비즈니스 시장 성장에 가장 큰 영향을 미쳤다. 특히, 대표적 동맥산업인 철강업이 순환형사회 구축을 통해 회수된 폐기물 사용을 최근 크게 증가시킨 것이 주요 요인으로 분석되고 있다. 이는 2000년 이후 제정된 가전 리싸이클법, 자동차 리싸이클법 등의 실시로 금속계 폐기물이 대량 회수 및 리싸이클되어 동맥산업으로 재투입되고 있다는 것을 의미한다.

한편, 고용창출이라는 관점에서 보면, 2000년 이후부터 최근까지 전반적으로 증가세가 유지되고 있다. 다만, 앞서 살펴본 순환형사회 비즈니스 경향과는 달리 폐기물 처리/재자원화 부문과 자원/기기의 재이용 부문이 각각 36%와 60%로 가장 큰 부문을 차지하고 있다. 그중에서도 폐기물처리/리싸이클 부문이 전통적으로 가장 많은 인력을 고용하고 있다. 즉, 일반폐기물(우리나라의 생활폐기물에 상응)의 처리와 관련된 부문이 안정적인 고용 증대를 떠받치고 있는 것이다.

【그림 3-3】순환형사회 비즈니스 시장규모

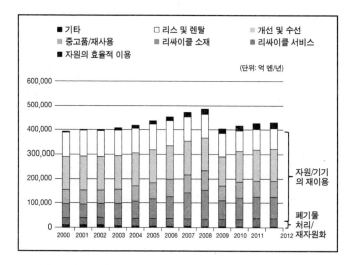

출처: 일본 환경성 [순환형사회 비즈니스 시장 및 고용규모 추이], (2014)

2) 주요 리싸이클법의 특징 및 성과

일본은 순환기본법 제정 이후 최근까지 6개의 품목별 리싸이클법을 시행하고 있다. 이 중에서 순환형사회 비즈니스 시장 활성화에 가장 큰 영향을 미친 것은 가전 리싸이클법과 자동차 리싸이클법의 두 법률로, 이들의 특징과 성과를 중심으로 살펴보기로 하자.

먼저 가전 리싸이클법의 가장 큰 특징은 앞서 살펴본 것처럼 EPR 원칙에 입각하여 제조업체가 사용 후 가전제품[18]의 적법처리 및 리싸이클에 대한 물리적 책임을 진다는 것이다. 리싸이클에 드는 비용은 배출자가 사용 후 제품을 폐기할 때 부담하도록 되어 있다.[19] 제조업체는 이 비용을 가지고 법률에서 정한 수준의 리싸이클을 책임지고 이행해야 한다. 스스로가 보유한 리싸이클 설비를 활용해도 되며 기존 리싸이클 업체가 담당하도록 할 수도 있다. 사용 후 가전제품은 배출자 (소비자) → 양판점(혹은 지방자치체) → 지정 인수장소 → 리싸이클 플랜트의 루트를 통해 회수 및 리싸이클이 진행된다.

이와 같은 루트가 아닌 방법으로 리싸이클이 이루어지는 경우는 원칙적으로 불법으로 간주된다. 다만, 법률에 규정된 수준의 리싸이클을 수행하기 위해서는 인력과 함께 고도의 설비가 필요하기 때문에 실제적으로는 제조업체 주도로 리싸이클이 이루어지고 있다. 2012년의 경우, 에어컨은 90% 이상이 리싸이클되고 있으며 나머지 품목들도 모두 80%가 넘

---

18 에어컨, 냉장고, 세탁기, 텔레비전의 4품목이 대상
19 배출자가 부담하는 리싸이클 비용은 에어컨 1,620엔, 냉장고 3,888엔~4,968엔, 텔레비전 1,836엔~2,916엔, 세탁기 2,592엔으로 품목별로 상이하게 규정

는 실적을 보이고 있다.

시장 형태로 보면 사용 후 가전제품의 리싸이클 시장은 실질적으로는 참여가 제한되어 있는 시장이며 배출자가 리싸이클 비용을 부담하고 있기 때문에 제조업체는 저가를 무기로 하는 기존 리싸이클 업체와 경쟁할 필요가 없다. 즉 가전 리싸이클법 실시로 정맥경제에서도 동맥경제에서와 같이 안정적 비즈니스의 여지가 그만큼 넓어졌다고 할 수 있다. 완전 개방 시장이라면 저가이면서 저질의 리싸이클에 대한 유인이 존재하게 된다. 그렇게 되면 전국 어디에서나 일률적이며 높은 수준의 표준화된 리싸이클 실시라는 가전 리싸이클법의 기본 취지에 반하게 된다. 즉, 가전 리싸이클법에서는 배출에서 리싸이클 플랜트까지의 회수 및 운반루트가 매우 폐쇄적이고 일방적인 형태로 운영되고 있으며 이를 바탕으로 정맥 비즈니스 활성화가 촉진되고 있다고 볼 수도 있다. 가전 리싸이클법 실시로 매년 철 16만 톤, 비철 등 혼합물 6만 톤, 동과 알루미늄 각 1만 톤의 자원이 동맥경제인 철강 및 제지산업 등으로 재투입되고 있다.

【그림 3-4】 품목별 리싸이클 추이 및 회수 자원

구분		2010년	2011년	2012년
에어컨		88%	89%	91%
텔레비전	브라운관	85%	79%	82%
	액정/플리즈마	79%	83%	87%
냉장고		76%	79%	80%
세탁기		86%	87%	86%

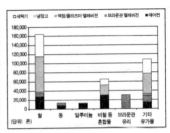

출처: 일본 경제산업성

한편, 정맥산업의 발전이라는 측면에서 보면 자동차 리싸이클법도 가전 리싸이클법과 유사한 기능을 발휘하고 있다. 왜냐하면 EPR 원칙 하에 자동차 제조업체는 리싸이클의 물리적 책임을 지고 있으며 이를 기반으로 리싸이클 비즈니스의 고도화가 추진되고 있기 때문이다. 사용 후 자동차(End of Life Vehicle)는 사용자 → 딜러 및 해체업자 → 파쇄업자 → 적법 처리 및 리싸이클의 루트를 통해 자원순환이 이루어지고 있다. 다만 가전 리싸이클법과 상이한 점은 자동차 제조업체가 물리적 책임을 지는 대상이 ELV 자체가 아니라 ELV를 해체 및 파쇄하는 과정에서 발생하는 에어백, 프레온가스, ASR의 3품목에 한정된다는 것이다. 즉 이에 포함되지 않는 품목인 엔진, 기어 등의 부품은 자동차 리싸이클법의 규제 대상이 아니라는 것이다. ELV는 매년 편차가 있기는 하지만 대략 350 만대 정도가 자동차 리싸이클법이 상정한 회수 및 처리루트에 따라 리싸이클되고 있다.

자동차 리싸이클법도 대상이 3품목에 불과함에도 불구하고 동 법률 시행에 따른 효과는 착실히 나타나고 있다. ELV의 거래 혹은 해체업자는 지방자치제와 자동차 리싸이클 시스템에의 등록이 필요하다. 즉, 누구나 ELV의 리싸이클업에 종사할 수 있는 것은 아니다. 또한 2015년까지 ELV를 중량대비 95% 이상 리싸이클하는 목표가 새롭게 설정되었기 때문에 동 목표 달성이 어려운 업체는 시장에서 도태될 수밖에 없다. 중장기적으로 볼 때 ELV의 리싸이클 수준은 꾸준히 향상되고 있으며 이는 2014년에 이미 2015년 목표가 달성된 것에서도 알 수 있다.

자동차 리싸이클법이 동법의 대상이 아닌 정맥산업 발전에도 기여하고 있다는 점은 주목할 필요가 있다. 재생부품은 일반적으로 시장에서 유가물로 거래되고 있기 때문에 자동차 리싸이클법의 대상이 아닐 뿐만 아니라 폐기물처리법의 대상도 아니다. 이 때문에 재생부품 업체는 시장원리에 기초하여 해체공정에서 추출한 중고부품을 재생시켜 신제품을 대체할 수 있을 정도로 양질의 재생부품을 판매하고 있다. 그들 중에는 동종업계와 연계하여 재생부품의 표준화를 실시하고 이를 통해 재생부품 시장의 활성화를 꾀하고 있는 사례도 보고되고 있다. 최근에는 해외에서의 자동차 리싸이클 관련 사업을 적극적으로 검토하는 기업이 늘어나고 있다. 이러한 변화는 자동차 리싸이클법의 주목해야 할 부산물이며 동시에 정맥비즈니스의 성숙화가 진전되고 있는 증거라 할 수 있다.

【그림 3-5】 폐자동차 리싸이클 및 회수 실적

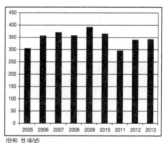

	ARS	에어백
기준	70%(2015년 이후) 50%(2010년 이후) 30%(2005년 이후)	85%
2013년	96~97.7%	94~95%
2012년	93~96.8%	93~95%
2011년	92~94%	93~94%
2010년	79.9~87.0%	93%

(단위: 만 대/년)

출처: 일본 경제산업성

한편, 소형가전 리싸이클법은 여타 재활용법과는 달리

EPR 원리에 의존하지 않고 임의적 규정만으로 리싸이클을 촉진한다는 점이 가장 큰 특징이다. 동법은 제조업자에게 EPR 원칙을 적용하는 대신 지방자치체 및 리싸이클 업체와 연계하여 소형가전 리싸이클을 코디네이팅하는 주체(인정사업자[20])에 대한 규제 완화를 주요 내용으로 하고 있다. 인정사업자는 기존의 정맥비즈니스 종사자일 필요가 없으며, 상사 및 가전판매점도 일정 요건[21]만 충족하면 소형가전 리싸이클 시스템 운영에 관여할 수 있다. 소형 가전의 회수방법 및 경로 또한 각 지방자치체가 독자적으로 결정하면 된다. 일본 정부는 2015년까지 매년 14만 톤, 1인당 1kg의 회수를 목표로 하고 있다. 소형가전 리싸이클법은 한마디로 규제완화를 통해 비즈니스를 보다 용이하게 하고 관련 주체 간 연계를 촉진시켜 정맥비즈니스의 성숙화를 도모하고 있다고 할 수 있다. 이와 같이 폐기물시장 거래를 통상의 비즈니스 원리를 활용해 효과적으로 이용하고자 하는 점은 여타 리싸이클법에서는 없는 점이다.

---

20 2015년 6월 현재 41개 업체가 등록

21 첫째로 유용 금속을 회수할 수 있는 리싸이클 기술, 둘째로 3개의 현(행정구역) 이상을 영업지역으로 하고 지속적으로 리싸이클업을 수행할 수 있는 경영 태세, 셋째로 국내에서 리싸이클 프로세스가 완료될 것 등이 요건으로 요구된다.

3) 사례: DOWA 에코시스템

도와 에코시스템은 2006년 모그룹인 도와그룹이 지주회사제도로 전환하면서 환경 및 리싸이클 분야를 주요 사업영역으로 하여 설립된 회사이다. 1884년 창업한 도와그룹은 광석을 제련하여 비철금속을 생산해 왔다. 1970년대 이후 광산업의 쇠퇴를 배경으로 영업이익이 적자를 기록하기도 했다. 버블경제가 한창이었던 1990년대에는 영업이익은 흑자로 돌아섰지만 과도한 투자로 인해 부채가 급속히 증가하였다. 부채가 지속적으로 증가하자 도와그룹은 사업구조 개혁을 추진하여 비철금속 제련, 전자재료, 금속가공, 열처리 등 5개의 사업영역을 전문으로 하는 개별 회사로의 분리를 결정했다.

개별 회사 중 하나인 도와 에코시스템은 리싸이클, 폐기물처리 및 토양정화의 3개 사업분야를 주력으로 삼고 있다. 리싸이클 분야에서는 이전 광산개발 과정에서 습득한 비철금속으로부터의 유가금속 회수기술이 경쟁력의 원천이다. 이를 바탕으로 사용 후 가전제품, 휴대폰 등으로부터 회귀금속 등을 포함하여 여타 리싸이클 업체보다 훨씬 많은 22개 원소 추출이 가능한 기술을 보유하고 있다. 동사는 리싸이클링 기술 우위를 활용하여 순환형사회 구축 관련 법률 시행을 전후로 사용 후 가전과 자동차를 대상으로 하는 리싸이클 공장을 각각 2군데 설립하였다. 폐기물처리분야에서는 전국 7곳에 폐기물 소각 및 매립이 가능한 시설을 마련하고, 전국을 대상으로 비즈니스가 가능한 폐기물 처리시스템을 확보하고 있다. 토양정화부분에서는 조사에서 정화처리, 모니터링까지 일관된 서비스 제공체제를 갖추고 있으며, 중금속뿐만 아니라 기름오염, 매립폐기물 등도 처리가 가능하다.

설립 이후 도와 에코시스템의 경영실적은 앞서 살펴 본 일본의 순환형사회 비즈니스 시장 추이 【그림 3-3】와 기본적으로 유사한 패턴을 보이고 있다. 2008년 글로벌 경제위기로 매출이 하락했지만 이듬해인 2009년 이후에는 회복세로 돌아섰다. 2012년 이후부터는 매출액이 지속적으로 천억 엔을 상회하고 있다. 다만, 경기가 회복되기 시작한 2009년과 3년 후인 2012년을 비교하면, 순환형사회 비즈니스 시장은 6.5% 성장에 그쳤지만, 도와 에코시스템의 매출과 영업이익은 각각 60.5%와 204.8%나 성장했다. 도와 에코시스템이 이처럼 급속한 매출 확대 및 영업이익 증대를 실현할 수 있었던 원동력은 무엇이었을까.

【그림 3-6】 도와 에코시스템사의 사업영역 및 경영실적

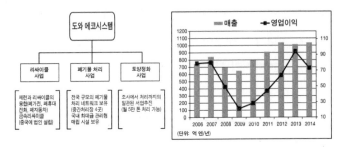

출처: 도와 에코시스템 IR report

먼저 생각할 수 있는 점은 폐산 및 폐알카리 등 유해성과 위험성이 높은 폐기물에 대해 도와 에코시스템사는 회수에서 중간처리 그리고 최종 매립까지 종합적으로 대응할 수 있는 태세를 구축했다는 점이다. 즉, 사업의 수직 통합화를 통해 규모의 경제를 실현하고 부문 간 시너지창출에 성공하고 있다.

또한 고도의 비철금속 리싸이클 기술을 경쟁력으로 사용후 가전 및 폐차 리싸이클 사업에 진출하여 이들 제품에 최적화된 리싸이클 기술을 확보했다.

앞서 살펴본 바와 같이, 일본 리싸이클법은 배출자에게 리싸이클비용을 부담시키고 있어 높은 수준의 리싸이클 기

술을 보유한 업체에게 매우 유리한 사업환경이며, 도와 에코시스템은 이 점을 충분히 활용하고 있다고 할 수 있다. 다음으로는 국내에서의 순환형사회 비즈니스 경험을 활용하여 중국을 비롯한 개발도상국에 적극적으로 진출한 점이다. 도와그룹 시기인 2003년에는 일본계 기업이 다수 입지한 중국 소주시 신구에 진출하였다. 당시 중국은 '세계의 공장화' 심화로 일본의 2배가 넘는 폐기물이 발생하였고 이로 인해 리싸이클에 대한 사회적 수요가 매우 높은 등 리싸이클 사업환경이 무르익고 있었다. 그러나 예상과 달리 귀금속, 전기전자제품 등 리싸이클 재료의 회수가 원활하지 못해 적자상태가 이어졌으며 흑자화로 돌아서기까지 거의 4년이 소요되었다. 최근 중국에서도 사용 후 가전 및 자동차 리싸이클을 규제하는 법률이 제도화되고 있어 중국 내 리싸이클 비즈니스가 새로운 전환기를 맞이하고 있다. 2009년에는 사업지역을 동남아로 확대하기 위해 폐기물처리회사인 Modern Asia Environmental Holding (MAEH)사를 인수 합병하였다. 동사는 인도네시아, 타이, 싱가포르의 3개국에서 4개의 사업거점을 보유하고 있으며, 폐기물처리, 연료재생 및 토양정화 등에 강점을 가지고 있다. 동남아시아에서의 사업 거점을 확보함으로써 일본, 중국, 동남아시아를 연결하여 국내 순환뿐만 아니라 국제 순환의 관점에서도 폐기물 관련 토탈 서비스가 가능해졌다. 최근인 2014년에는 미얀마에서 순환형사회 비즈니스 진출을 위해 현지에 법인을 설립했다. 향후 3천 6백만 달러를 투자하여 관리형 매립장을 건설할 예정이다. 이와 같이 도와 에코시스템은 해외 진출을 적극 추진하고 있으며, 해외 사업은 2014년 전체 매출의 약 25%를 차지할 정도로 성장하였다.

【그림 3-7】 도와 에코시스템의 해외 진출

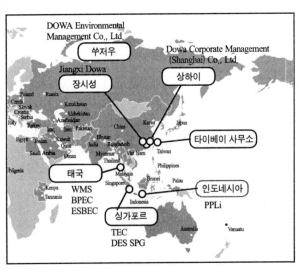

출처: 도와 에코시스템 홈페이지(www.dowa-eco.co.jp)

3. 자원순환사회 구축과
국제적 자원순환에의 대응

1) 자원순환사회 구축과 새로운 현상: 사례를 중심으로

〈사례1〉

2005년 용기포장 리싸이클법이 시행되고 수년도 채 지나지 않은 상황에서 리싸이클 현장에 이변이 발생했다. 지방자치체가 회수한 사용 후 페트병이 당초 예상했던 리싸이클 업체로 회수되지 않은 사례가 증가한 것이다. 이로 인해 정부의 리싸이클 계획에 차질이 생겼을 뿐만 아니라 정부 계획에 기초하여 신규 투자를 한 리싸이클업자 중에는 파산한 업체까지 등장하였다. 그렇다면 지방자치체가 회수한 사용 후 페트병은 도대체 어디로 흘러간 것일까. 회수된 분량 중 상당 부분은 다양한 국내 회수업자들을 통해 최종적으로 중국을 비롯한 개방도상국 리싸이클업체로 수출되고 있었다. 심지어 2008년부터 2010년까지의 3년간은 국내보다 많은 양이 해외에서 리싸이클되었다. 즉, 당연히 일본 내에서 리싸이클될 것으로 예상되었던 사용 후 페트병이 해외에서 리싸이클 되고 있다는 것이며, 이는 법률 제정 당시에는 전혀 예상하지 못한 사태였다. 이는 앞 장에서 언급한 것처럼 폐기물과 자원은 수급상황에 따라 언제든지 변할 수 있는 상대적이라는 것을 보여준 대표적 사례라 볼 수 있다. 일본에서는 사용 후 페트병이 폐기물이지만 개발도상국에서는 귀중한 자원이기 때문에 유가로 수출된 것이다. 일본 지방자치체 입장에서 보면 (폐기물이기 때문에) 처리비를 지불하고 국내 리싸이클 업체에게 인도하는 것보다 (돈을 받고) 해외 리싸이클 업자에게 판매하는 것이 유리한 선택이다.

【그림 3—8】 일본의 사용 후 페트병 리싸이클 상황

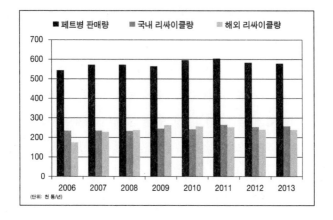

출처: 페트병 리싸이클 추진협의회(www.petbottle—rec.gr.jp)
주: 페트병은 판매에서 리싸이클까지 시차가 발생하기 때문에 년도 별로 보면 판매량과 리싸이클량간에 오차가 존재

〈사례2〉

2000년대 후반 가전 리싸이클법과 자동차 리싸이클법 시행으로 일본 내에서는 (비)철 스크랩 공급이 증가했다. 일찍이 일본은 고도성장을 구가하던 20세기 후반 대량의 (비)철 스크랩을 수입한 적이 있다. 왜냐하면 경제성장을 위해 필요한 각종 구조물 등 사회간접자본 건설을 위해서는 이러한 자원이 반드시 필요했기 때문이다. 그렇지만 경제가 성숙기를 거쳐

성숙화로 접어들게 되면 (비)철 스크랩을 해외로부터 수입할 필요성이 약해졌다. 자국 경제 내에 구조물 및 제품의 형태로 축적된 (비)철 스크랩이 대량 발생하고 이를 리싸이클하여 이용하면 되었기 때문이다. 이후부터는 이러한 자원에 대한 수요가 더욱 줄어들게 된다. 이러한 상황에서의 가전 및 자동차 리싸이클법 시행은 (비)철 스크랩 공급을 더욱 확대시켰다. 공급이 확대되고 있는 상황에서 배출자에게 비용을 부담시키는 일본의 리싸이클법은 사용 후 가전 및 자동차의 해외 유출을 보다 촉진시키고 있다. 문제는 사용 후 제품에는 중금속이 다수 함유되어 있어 수출된 이후 적법하지 않고 환경부하가 큰 방식으로 처리될 가능성이 크기 때문이다. 일본 경제산업성에 따르면 2007년의 경우 사용 후 가전 제품이 2,183만 대가 배출되었으며 소매업자, 중고품 처리업자 등에 의해 주로 회수되었다. 최종 처리장소를 기준으로 보면 75.2%에 해당하는 1,641만대가 국내에서 처리되었지만 나머지 24.8%에 해당하는 542만대는 해외에서 재사용 및 리싸이클된 것으로 조사되었다. 국내 리싸이클 경로에 오른 사용 후 가전은 양질의 리싸이클이 이루어지고 있으나 해외로 흘러나간 사용 후 가전제품에 대해서는 적정처리를 담보하는 체제가 구축되어 있지 않다. 즉, 중고품과 폐기물의 경계가 불명확한 상황에서 재사

용을 이유로 유해물질을 포함하고 있는 사용 후 가전제품이
대량 수출되고 있는 실정이 발생하고 있다.

【그림 3-9】 일본의 사용 후 가전제품의 물질 흐름

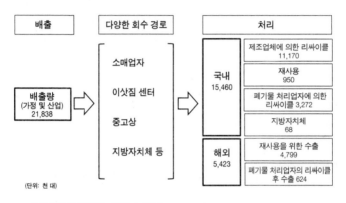

(단위: 천 대)

출처: 일본 경제산업성 자료를 저자 정리

상기 두 가지 사례는 중요한 사실을 보여주고 있다. 먼저,
특정 국가에서는 폐기물 취급을 받는다 하더라도 여타 국가
에서는 유용한 자원일 수 있다는 것이다. 이는 리싸이클을 한
정된 범위에서 이해해서는 안 되며 범위를 확대시킴에 따라
수급상황이 바뀌어 자원으로 이용할 가능성이 커진다는 것

을 의미한다. 즉, 폐기물의 순환적 이용을 확대시키기 위해서는 발생량, 특성 및 수급상황 등을 고려하여 기존 지자체중심의 대응방식에서 벗어나 새로운 순환범위(예를 들어 경기남부지역, 충남서부지역 등)를 생각할 필요가 있다는 것이다. 일본에서는 2013년부터 '지역순환권' 개념을 도입하여 3개 지역(나고야시를 포함한 중부지역, 야마구치현 남부지역 등)을 대상으로 시범사업을 진행 중이다.

또한, 국내 리싸이클법은 국내 순환만을 고려해서 제정되어서는 소기의 목적을 달성하기 어려우며 제도와 국가 간 수급동향과의 관계 등도 감안하여 설계되어야 한다. 물론 국내에서 발생한 폐기물은 국내에서 우선적으로 리싸이클되어야 한다. 하지만, 규제를 가한다고 해도 유인책이 충분하지 못한 상황에서 해외로의 이동을 막기는 사실상 어려우며 이는 국내 산업에도 심각한 영향을 미칠 수 있다.

한편, 현재 리싸이클이 어려운 폐기물과 유해폐기물의 국가 간 이동은 국제 규범인 '바젤협약'에 따라 규제되고 있다. 동 협약은 1992년 발효되었으며 해당 폐기물을 수출하기 전에 수입국 정부에게 사전통지하고 승인을 얻도록 하는 것이 주요 내용이다. 구체적인 규제대상 폐기물은 부속서Ⅷ에 규정되어 있지만 유해폐기물의 해당 여부를 확인하는 용출시험 방법 등은 명시되어 있지 않아 각국이 독자적으로 유해폐기물을 정의하고 있는 실정이다. 바젤조약의 발효에도 불구하고 국가 간 유해폐기물의 정의의 상이, 폐기물과 중고품 구분의 불명확성 등을 배경으로 부적절한 유해폐기물의 국가 간 이동은 여전히 이어지고 있다.[22] 이에 대한 대책 차원에서 규제 강화가 시도되었으며, 1994년 2차 체약국 회의에서 최종 처분을 목적으로 하는 선진국의 개발도상국 대상 유해폐기물의 수출 금지 조항이 발효되었다. 또한 한발 더 나아가 리싸이클을 목적으로 한 선진국의 개발도상국 대상 수출을 금지하는 바젤협약 개정안이 1995년 제3차 체약국 회의에서 채택되었다. 하지만 개정을 위한 정족수를 충족하지 못해 현재 발효되지는 않고 있다. 즉, 일본 내 자원순환형 구축으로 폐기물의 국가 간 이동이 촉진되고 있지만, 바젤협약은 이에 적절하게 대응하지 못하는 상황이 이어지고 있다고 할 수 있다.

---

22 2004년 4월 일본에서 중국 산동성으로 수출된 폐플라스틱에 리싸이클 불가능한 폐기물이 다량 포함되어 중국 정부가 일본의 폐플라스틱의 수입을 일시적으로 금지시킨 사례가 있으며, 우리나라에서도 2010년 수은, 납 등이 포함된 유해폐기물을 허가받지 않고 중국에 수출한 11개 업체가 적발됨.

2) 국제적 자원순환과 개별 리싸이클법의 대응

그렇다면 자원순환형 사회 구축을 위해 제정된 개별 리싸이클법은 국제적 자원순환에 어떻게 대응하고 있는지 살펴보자.

먼저 폐기물처리법은 바젤협약이 공포되었던 1992년 '국내처리의 원칙'을 도입했다. 동 원칙은 국내에서 발생한 폐기물은 가능한 국내에서 적정하게 처리되어야 하며 수출하기 위해서는 환경성 장관의 확인[23]을 필요로 한다는 것이다. 이는 해외에서 발생한 폐기물은 국내의 적정처리 시스템에 지장이 발생하지 않도록 수입이 억제되어야 한다는 것을 의미한다. 2002년 8월에는 국내에서 적정처리가 곤란하지 않은 경우에도 수출이 가능하도록 법조항이 개정되었다. 실제로 이를 근거로 2002년 9월 호쿠리쿠전력이 석탄재를 한국에 수출하여 시멘트 원료로 이용된 적이 있다.

한편, 용기포장 리싸이클법은 리싸이클을 '제품의 원재료로서 자가 이용 혹은 유상/무상으로 양도할 수 있는 상태

---

23 국내에서 적정처리가 곤란한 경우, 수입국에서 재생이용이 확실한 경우, 처리기준을 충족한 방법으로 처리될 것이 확실한 경우가 이에 해당된다.

로 만드는 것'과 '제품으로 사용 혹은 사용자에게 유상/무상으로 양도할 수 상태로 만드는 것'으로 정의하고 있다. 즉, 제품이나 원재료로 유상 거래되는 상태로 만드는 것이 리싸이클이라는 것이다. 동법은 거래 장소가 국내인지 해외인지는 문제삼고 있지 않다. 또한, 리싸이클 방법에 대해서는 법적인 규정이 존재하지만, 리싸이클 이후의 상황에 대해서는 별도의 규정을 두고 있지 않기 때문에 수출에 관한 법률적인 제한은 전무한 상황이다. 다만, 실제 제도운영상, '용기포장재활용협회'가 재활용된 용기포장제를 이용하는 사업자의 조건을 정하고 있어 수출을 무조건 용인하는 구조는 아니다. 구체적으로 사용 후 페트병의 경우, 플레이크[24] 이용자는 국내에서 제품을 가공하는 제조업체에 한정하는 한편, 펠릿[25]은 수출이 가능하도록 되어 있다. 용기포장 리싸이클법은 기본적으로 국내에서의 처리만을 전제로 제정되었다고 할 수 있다.

다음으로 1998년에 성립한 가전 리싸이클법도 용기포장 리싸이클법과 유사한 문제를 가지고 있다. 동법은 폐기물로

---

24 페트병을 작은 조각으로 분해한 상태
25 플레이크를 녹여서 고체로 만든 것

부터 분리한 것들을 부품 및 원재료의 형태로 유가 거래되는 상태로 만드는 것을 리싸이클로 간주되고 있으나, 리싸이클 관련 장소는 문제시하고 있지 않다. 다만, 리싸이클 방법 중에 원재료로 되돌리는 물질 회수만을 리싸이클로 좁게 규정하고 있다. 제조업체에게는 리싸이클률에 대한 의무 조항이 있으며, 리싸이클률은 가전 리싸이클 플랜트에서 분해되어 유가로 거래되는 중량으로 계산된다. 한편, 수출에 대해서는 명시적인 규정은 없다. 실제로는 리싸이클 비용이 지불되어 소매업체를 통해 회수된 사용 후 가전제품은 국내 플랜트에서 재활용되고 있다. 하지만, 앞서 확인한 바와 같이 중고업체 등을 통해 회수된 사용 후 가전의 상당 부분은 개발도상국으로 수출되고 있는 것으로 알려져 있다.

마지막으로 자동차 리싸이클법은 상기 두 법률과는 달리 수출에 대해 상이한 시각을 보여주고 있다. 동법은 신규 구입 시 또는 검사 시에 자동차 소유주로부터 리싸이클 요금을 징수하여 '자동차 리싸이클 촉진센터'에 위탁하도록 하고 있다. 이를 통해 적절한 리싸이클이 이루어지도록 담보하고 있다. 그렇지만 리싸이클 요금이 위탁되어 있는 중고차를 수출하는 경우에는 소유자는 리싸이클 요금의 환급을 요구할 수 있다. 요구 시에는 수출허가서의 복사본 및 수출말소 가등록 증명서 등의 제출이 필요하다. 환급 규정으로 인해 중고차 수출업자는 환급을 받는 데 비해 원래 사용자는 환급을 받지 못하게 된다. 그 결과 예탁금 반환을 노린 사용 후 자동차 수출 수요가 증가하게 된다. 중고차 수출과 관련해서 자동차 에어컨 냉매에 사용되는 프레온 가스는 폐자동차 해체 과정에서 적절한 처리가 필요한 부분이다. 하지만 대부분 해체재활용업체는 이를 대기로 방출하는 실정이다. 이렇게 방출되는 프레온가스는 대기 오염과 지구온난화를 초래한다. 하지만 최근 폐자동차 재활용율을 높이는 취지에 발맞추어 친환경 폐차장 및 관련 기술 등이 등장하고 있다.

이와 같이 개별 재활용법이 순차적으로 정비되어 왔지만 자동차 리싸이클법을 제외하고는 수출에 대한 명시적 규정을 둔 리싸이클법은 없다. 이는 해당 법률의 제정을 검토할 때 수출이 거의 문제시 되지 않았기 때문인 것으로 생각된다. 특히, 일본의 리싸이클법은 배출자가 비용을 부담하는 경우가 많고 이러한 부담방식이 수출을 촉진하고 있기 때문에 징수한 리싸이클 요금의 취급 및 리싸이클률의 목표달성 여부를 판단하기 위해서라도 수출에 대한 명확한 규정이 반드시 필요하다.

4. 일본의 경험과
시사점

　일본이 자원순환형사회 실현을 기치로 각종 법제도를 정비하여 실행한 지 15년 정도가 지났다. 각종 리싸이클 기술의 향상, 자원의 효율적 사용 증대 및 최종 매립량 감소 등의 부문에서 성과가 확인되고 있다. 특히, 최근 들어 폐기물 비즈니스가 활성화되고 있으며 국민경제에 있어서의 비중도 점차 확대되어 하나의 독립적인 산업으로 성장하고 있다는 점에 주목할 필요가 있다. 예를 들어 도와 에코시스템 같은 회사는 자원순환형 사회 구축이라는 시대적 요구를 비즈니스 기회로 삼아 매출 1조 원대를 기록하고 있다. 또한, 동사는 국내에서의 순환형사회 비즈니스 경험을 살려 동남아시아 각국으로 적극 진출하고 있으며 이미 이 지역 매출이 전체의 25%를 차지하고 있다. 이에 비해 우리나라의 경우에는 천 억을 넘지 못하고 있으며 해외 진출은 생각지도 못하는 것이 실정이다. 일본은 각종 리싸이클법 정비를 통해 순환형사회 관련 시장을 창출했으며 이를 바탕으로 성장한 일본 폐기물업체를 2011년부터는 전략적 해외 진출을 통한 지속 성장으로 유도하고 있다.

한편, 국내 리싸이클을 염두에 둔 순환형사회 법제도로 인해 예상하지 못했던 문제도 발생하고 있다. 먼저, 배출자 부담을 중심으로 설계된 리싸이클법으로 인해 국내에서 회수한 각종 리싸이클 가능한 폐기물이 개발도상국으로 대량 수출되고 있다. 폐기물의 수출 증대는 자원의 효율적 이용과 이에 따른 천연자원 사용량 감축이라는 긍정적 효과도 있지만 또 다른 부작용도 수반하고 있다. 대표적으로 본래 리싸이클 대상이 아닌 폐기물이 수출되어 수입국에서 환경오염을 일으키는 경우[26]와 중고품으로 수출된 후 리싸이클 과정에서 환경오염을 발생시키는 경우가 이에 해당한다. 또한, 냉장고와 자동차용 에어컨에 사용되고 있는 프레온 등은 반드시 적정 처리가 담보되어야 하지만 리싸이클 법제도가 정비되지 않은 국가로 수출됨으로써 적정 처리가 담보되지 않고 있다. 또한, 순환형사회 관련 법제도가 리싸이클 우선화의 성격이 강해 보다 촉진할 필요가 있는 재사용 및 폐기물의 발생억제 효과가 위축되고 있다. 예를 들어 가전 리싸이클법 시행으로 제조업체의 중간 회수장소에 모인 가전제품 중 약 70%가 재사용이 가능함에도 불구하고 전량 리싸이클되고 있다.

자원순환사회의 구축이라 하면 흔히 국내 상황에만 주목하는 경향이 있다. 물론 법과 제도가 국가의 영역을 벗어나서 실행력을 갖기가 기본적으로 불가능하기 때문이기도 하지만 폐기물의 세계에서는 다소 상황이 다르다. 본문에서도 살펴본 봐와 같이 국내 리싸이클 시스템은 외부 경제권과의 관계를 고려하지 않으면 법제도의 실효성은 크게 훼손될 수 있다.

---

26 1998년 대만에서 캄보디아로 수은을 함유한 유해폐기물이 수출되어 캄보디아 국내에서 운반에 관여한 작업자가 사망한 사건, 1999년 일본에서 필리핀으로 의료폐기물을 포함한 사업장폐기물 2,160톤이 수출된 사건, 2004년 일본에서 중국 산동성으로 수출된 폐플라스틱에 리싸이클이 불가능한 폐기물이 혼합된 사건 등이 대표적이다.

외부 자원순환시스템과의 상호작용을 충분히 감안하여 국내 자원순환 구축이 추진되어야 할 것이다.

마지막으로 순환형사회 법제도를 환경정책뿐만 아니라 자원정책의 측면에서 바라보아야 한다. 리싸이클 가능한 폐기물의 국가 간 이동은 경제원리에 따라 발생하는 것으로 규제를 통해 의도대로 제어하는 것은 매우 어려운 것이 현실이다. 동시에 폐기물 중 일부는 희토류 등 국내 부존량이 없는 귀중한 자원을 가지고 있는 경우도 있다. 즉, 수출 자체를 통제하기 보다는 개발도상국과의 협력을 통해 국제적 자원순환 고리를 보다 원활하게 하는 노력이 필요하다. 즉, 개발도상국에서 기본적인 해체작업을 실시하고 희토류 등을 포함한 부품 등은 다시 수입하여 적정처리와 희토류 회수가 가능한 시설에서 리싸이클이 될 수 있는 시스템 구축을 위한 노력도 반드시 필요하다고 생각된다. 물론 이 경우 개발도상국으로 수출되는 폐기물을 적정하게 리싸이클 할 수 있는 기술의 이전도 병행적으로 추진되어야 할 것이다.

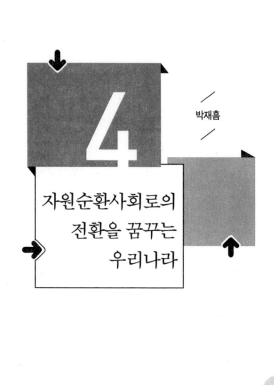

4

박재흠

자원순환사회로의
전환을 꿈꾸는
우리나라

우리나라의 경제규모는 세계 15위이나 자원에 있어서는 절대빈국이며, 에너지 다소비 국가이다. 1970년대 시작된 급속한 산업화 및 도시화로 인해 지금까지 많은 양의 자원과 에너지를 소비하여 왔다. 특히 생산과 소비에 필요한 전체 에너지의 약 96%를 해외에 의존하고 있는 실정이다. 이러한 수치는 해외 주력 수출품인 철강, 반도체, 자동차, 선박 등의 수출액과 맞먹는 1억 8백만 달러에 해당되는 어마어마한 액수이다. 또한 단위 면적 당 폐기물 발생량이 OECD 4위로 매우 높은 편이며, 미국의 7배, 스웨덴의 4.7배, 독일의 1.3배에 달한다.

1970년 이후 눈부신 고속성장을 이룩하며, 달려온 현재 우리 모습의 그늘이라고 해야 할까? 최근 이러한 생산과 소비패턴으로는 더 이상 지속가능한 발전이 불가능하다는 자각 아래 우리정부도 과거의 그릇된 패러다임에서 벗어나기 위한 노력을 꾸준히 추진 중이다. 즉 폐기물이 곧 자원이라는 인식의 전환을 통해, 폐기물의 발생을 억제하고, 발생된 폐기물을 적정하게 재활용, 회수, 처리하는 자원순환사회로의 실현을 위한 관련 정책을 도입하고 있다.

이미 OECD 내 주요 국가들은 지속적인 자원 및 에너지의 원활한 수급을 위한 자원순환 관련 체계적인 정책들을 입법화해 나가고 있다. 독일의 경우 폐기물관리법을 자원순환경제법으로 격상시키고, 일본은 자원순환사회 기본법을 제정하여 모든 자원이 선순환하는 체계로의 변화를 추진하고 있다. 이 밖에 EU지역을 중심으로 각 정부는 다양한 이해관계자들과 협력하여 폐기물의 매립을 제로화하는 중장기적 측면의 정책적 합의를 이끌어 냄과 동시에, 이러한 폐기물의 처리과정에서 자원과 에너지를 회수할 수 있도록 하는 다양한 경제적 유인책과 정책들을 개발해 나가고 있는 실정이다.

최근 이러한 글로벌 추세에 부합하기 위해 우리정부도 제1차 자원순환기본계획(2011~2015)을 수립, 자원순환형(Zero-waste) 사회 실현이라는 큰 목표 하에 모든 폐기물이 전량 순환됨과 동시에 양적, 질적인 측면에 있어서도 가치가 향상될 될 수 있는 업사이클링(Upcycling)[27]체제로의 전환을 도모하고 있다. 1994년 독일의 'Reiner Pilz'가 'Salvo'지와의 인터뷰에

---

[27] 기계적·화학적 방법으로 처리하면 제품의 질(quality)이 저하되는 것이 일반적이지만 업사이클링은 이와는 대조적임.

서 처음으로 사용하였다.

업사이클링이란 버려진 자원이나 쓰레기를 분해 없이 활용하여 기존의 품질이나 가치를 높이는 활동으로 정의된다.

과거 개발과 성장만이 우선시 되던 시기에 제정되었던 자원순환 관련법들은 폐기물의 처분과 재활용 개념이 명확하지 않고, 중복된 법령체계로 인해 혼란을 일으켜왔던 것이 사실이다. 이러한 문제점들을 해결해 나가고자 최근 정부는 '자원순환사회촉진법안(이하 자순법)'을 입법 발의한 상황이다. 이에 따라 국가자원순환 기본계획이 10년 단위로 수립되었고, 국가자원순환 추진목표 설정 및 연차 별 추진계획을 제시하며 자원순환사회 형성을 위한 중장기 계획이 제시되는 등 국가, 지자체, 기업, 국민 등 사회 각 분야에서 새로운 역할과 과제 및 실천 방안이 제시되고 있다.

1. 우리나라 폐기물
정책의 변화

우리정부의 폐기물관리정책은 당시의 경제적 상황 및 시대현상을 반영하여 발전되어 왔다. 1986년 이전에는 오물청소법과 환경보전법에서 생활폐기물과 사업폐기물로 이원화 관리되던 것이 폐기물관리법 제정으로 관리체계가 일원화되고, 다양한 정책 및 제도가 마련되는 등 독립된 분야로서 성장하여왔다. 1992년까지 폐기물관리법 내 발생억제, 예치금제도, 광역관리, 사후관리개념이 적용되었으며, 이후 재활용촉진법이 발효되면서 포장재 발생억제, 1회용품 규제, 폐기물

예치금 및 부담금제도, 재활용산업육성 등의 재활용에 관한 제도 및 정책이 시행되었다.

현재 소비단계 쓰레기 억제의 방법으로 진행하고 있는 쓰레기 종량제는 1995년부터 시행되었고, 1996년에는 음식물쓰레기를 줄이기 위해 음식물쓰레기 감량의 무제, 농산물쓰레기 유발 부담금제도, 좋은 식단제 보급 등이 추진되기도 했다. 종량제 도입 이후 생활쓰레기는 대폭 감소하고 재활용률은 증가하는 결과를 가져 오면서 현재까지도 가장 효과적인 생활쓰레기 억제 제도로 활용되고 있다.

2002년에는 폐기물 정책 기조가 폐기물의 '발생억제 → 재활용 → 처리'에서 '발생억제 → 재활용 → 순환'으로 변화되었다. 즉, 자원순환의 개념이 강조된 것이다. 이에 따라 매립처분을 차단하면서 자원순환을 유도하기 위한 생산자책임 재활용제도, 폐기물부담금제도 등의 도입이 추진되었고, 그 결과 자원의 절약과 재활용 촉진에 관한 법률이 전면 개정되었다. 또한 2003년에는 지속적으로 증가하고 있는 건설폐기물의 재활용 촉진을 위하여 순환골재의 의무사용 등을 반영한 건설폐기물재활용 촉진에 관한 법률이 제정되었다.

2007년에 EU 등 선진국의 유해물질 사용제한 강화에 대응하여 전기·전자제품 및 자동차 자원순환에 관한 법률이 제정되었으며, 2008년에는 자원순환의 개념 및 원칙을 도입하여 자원의 절약과 재활용 촉진에 관한 법률을 개정하였다. 【그림4-1】과 같이 과거 폐기물 관련 정책의 목표는 우리 주변의 쾌적한 생활환경 조성을 목표로 환경오염 등에 대한 처리중심의 개선이 이루어졌다면, 최근 들어서는 자원순환사회 구축을 위한 정책적 목표 달성을 위해 예방적 접근, 회수 등과 더불어 처리 선진화가 중점적으로 이루어지고 있다.

【그림 4-1】 폐기물 정책 패러다임 전환

구분	그간의 정책	새로운 정책 방향
정책여건	폐기물로 인한 환경오염 심화	기후변화, 원자재, 에너지 고갈
목표	쾌적한 생활환경 조성	자원순환사회 구축
추가전략	감량 → 재활용 → 처리	효율적 생산·소비 → 물질재활용 → 에너지회수 → 처리선진화
주요과제	쓰레기종량제, 생산자책임재활용 제도 및 처리시설 설치	순환자원 인정, 자원순환 성과관리, 폐자원 등 에너지화, 처리광역화
핵심개념	폐기물	자원(순환 / 천연)

출처: 환경부 'Breifs'

2. 국내 자원순환 관련
법체계 현황

　　현행 자원순환에 관한 법률은 폐기물 관리의 일반법인 '폐기물관리법(폐관법)'과 폐기물정책의 변화에 따라 폐관법에서 분법화된 '4개의 개별법'과 바젤협약 이행에 따른 '폐기물의 국가 간 이동 및 그 처리에 관한 법률(국가 간 이동법)'로 구성되어 있다.

　　폐기물관리법에서 분법화된 4개의 개별법으로는 재활용에 관한 사항을 규정하고 있는 자원의 절약 및 재활용 촉진에 관한 법률(재촉법), 건설폐기물 재활용촉진에 관한 법률(건폐법), 전기전자제품 및 자동차의 자원순환에 관한 법률(전기전자법), 폐기물처리 기반 시설 설치 및 주민 지원과 관련된 개별법인 폐기물처리시설 설치촉진 및 주변지역 지원 등에 관한 법률(폐촉법)이 있다. 그 밖에 「잔류성 유기오염물질 관리법」, 「녹색제품 구매촉진에 관한 법률」, 「환경친화적 산업구조로의 전환촉진에 관한 법률」, 「신에너지 및 재생에너지 개발·이용·보급 촉진법」 등의 법률 또한 간접적으로 관련성을 가지고 있다.

【그림 4-2】현행 자원순환 관련 법체계

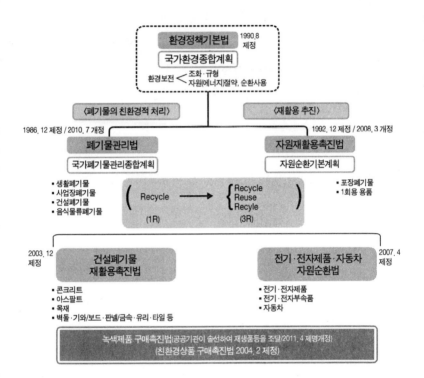

출처: 서세욱, "자원순환형 사회 전환의 정책 과제" 중

폐관법과 다른 법률과의 관계를 살펴보면 기존의 생활폐기물과 산업폐기물을 통합함으로써 폐기물관리의 일반 원칙들을 여전히 규정하고 있다. 그러나 실제 내용은 재활용에 관

한 부분, 건설폐기물에 관련한 부분 및 폐기물 처리시설 설치 촉진에 관련한 부분을 떼어낸 폐기물의 처리와 관련된 부분만을 남기고 있다. 개별 법률들은 특별법으로서 우선적 적용의 구조를 취하고 있고, 각각의 개별 법률에 그와 관련된 일반 원칙들을 규정하고 있다. 반면, 폐기물 개념은 여전히 「폐관법」을 따르게 하고 있는데, 이는 「폐관법」이 폐기물 관리의 일반법임을 전제로 하고 있기 때문이다. 「폐기물관리법」에서 분법화 시 장기적인 폐기물 정책 하에 체계적으로 개정되지 못했고, 관련 조문들을 떼어내고 정책적 요구에 따라 각각의 개별법에 새로운 개념을 신설하였다. 따라서 기본원칙과 같은 일반적인 사항들이 「폐관법」과 「재촉법」에 산재되어 있고, 정책적 요구에 따른 제도 신설로 자원순환 내 단계적인 폐기물관리 정책이 여러 법제에 분산되어 있는 실정이다.

3. 자원순환 사회실현을 위한
현행 법률체계의 문제점

향후 우리나라의 자원순환 사회실현을 위해서는 자원순환 전반에 대한 체계적인 법체계 마련이 필수적이다. 하지만 현재의 폐기물 법체계는 산재되고 분법화되어 있어 자원순환을 총괄하는 기능을 수행하기에 어려움이 있다. 이는 우리나라의 폐기물 및 자원이용 관련 법률이 폐기물과 자원이용의 개념, 범위 등에 대한 충분한 사회적 합의 과정을 거쳐 체계적으로 제정된 것이 아니라, 시대의 변화와 사회의 발전 과정에서 그때그때 필요한 법률을 제정하고 보완하는 형태로 형성되었기 때문이다. 이 내용을 구체적으로 살펴보면 다음과 같다.

첫째, 폐기물 관련 법률을 하나로 묶을 수 있는 기본법에 대한 고려이다. 현재 폐기물 관련 기본법의 법률체계에 대한 이슈는 각 개별 법률들의 해석과 적용에 있어서 지침을 줄 수 있는 원칙의 부재를 야기하여 개별 법률 간 충돌이 발생했을 때 해결을 어렵게 할 수 있다. 물론 폐관법이 폐기물, 재활용, 처리 등 폐기물의 핵심적 개념에 대하여 정의하고 있으며, 기본계획 수립, 국가의 책무 등 폐기물 자원순환 전반의 기본적 사항을 규정하므로 사실상 기본법으로 볼 수도 있다는 의견도 있다. 그러나 폐기물관리법은 제1조에 폐기물의 발생억제와 친환경적인 처리를 목적으로 하고 있기 때문에 실제로는 재활용이나 자원순환보다는 폐기물처리에 더 집중되어 있다고 볼 수 있다.

둘째, 폐기물 관련 용어 및 범위를 명확히 하여야 할 것이다. 현행 폐기물 관련 법률에서 정의하고 있는 여러 용어 간 관계가 명확하지 않고, 폐기물 분류가 복잡하여 민원과 분쟁을 야기하고 있다. 폐기물관리법의 폐기물, 처리, 재활용, 자원재활용법의 '재활용가능자원, 재사용, 재생이용' 등의 용어 관계가 불명확하여 폐기물과 재활용 자원의 구별이 명확하지 않고, 동일한 대상에 대한 다른 해석 또는 중복 규제로 인한 혼돈을 야기하고 있기 때문이다.

셋째, 자원순환 흐름을 체계적으로 파악하기가 어렵다. 현행 폐기물법제는 자원순환 관련 규정이 각 개별 법률에 산재되어 있어 자원순환의 전체적인 흐름을 체계적으로 파악하기가 힘들다. 생산, 유통, 소비, 재사용, 재생이용, 에너지회수, 최종처리 등 경제활동 각 단계의 관할 법률이 서로 달라 총체적 관점에서 자원순환의 현황을 파악하는 것이 쉽지 않기 때문이다.

따라서 현재 폐기물 법체계에 안고 있는 이러한 문제점을 해결하고 폐기물·자원순환 전반을 아우르는 일관된 법률체계를 구성할 수 있는 방안 마련에 대한 논의가 발전되어 왔다. '자원순환사회 전환 촉진법'안 마련을 위한 법제포럼 운영을 시작으로 법안 제정에 대한 국민 공감대 형성을 위한 이해관계자와의 지속적인 소통을 통해 협의안을 도출하여 지난 2014년 10월에 정부안을 국회에 제출했다. 정부는 2017년 1월 1일 시행을 목표로 2015년 정기국회 처리에 주력하고 있다.

4. 새로운 패러다임,
자원순환 전환촉진법[28]과 이슈사항

자순법의 제1조에는 "자원을 효율적으로 이용하여 폐기물의 발생을 최대한 억제하고 발생한 폐기물의 순환 이용 및 적정한 처분을 촉진하여 천연자원과 재생 불가능한 에너지의 소비를 줄임으로써 환경보전과 지속가능한 자원순환사회와 경제를 만드는 데 필요한 기본적인 사항을 정한다."라고 명시하고 있다.

---

28 동법은 2016년 현재 국회 환경노동위원회 법안소위에 상정 중임.

즉 자순법은 그 목적에서 폐기물의 발생부터 순환 이용과 최종처분까지의 자원순환 과정을 총체적으로 아우르고 폐기물 관리의 기본적인 사항을 정하고 있는데, 이는 동 법안이 기본법적 성격을 지향하고 있기 때문이다. 또한 '자원순환사회', '순환자원' 등 개념정의(동 법안 제2조)와 기본원칙(동 법안 제7조), 국가 및 지방자치단체(동 법안 제8조) / 사업자(동 법안 제9조) / 국민의 책무(동 법안 제10조), 자원순환 기본계획의 수립·시행(동 법안 제12조) 등도 규정하고 있다. 그리고 자순법은 제3조에서 자원순환사회로의 전환에 관하여 다른 법률에 우선하며 그 기본이 된다고 명시하여 순환 이용, 발생 억제, 처분을 포괄하는 일반적인 사항을 규정하고 있다. 그러나 한편으로는 법안의 실제 내용을 살펴보았을 때 재활용과 관련된 내용으로 집중되어 있고, 폐기물의 정의를 폐관법을 따르도록 하고 있어 폐관법을 일반법으로 한 재활용 관련 개별법으로의 성격을 가지고 있다고 보는 시각도 있다.

【그림 4-3】 자원순환사회 전환 촉진법 체계도

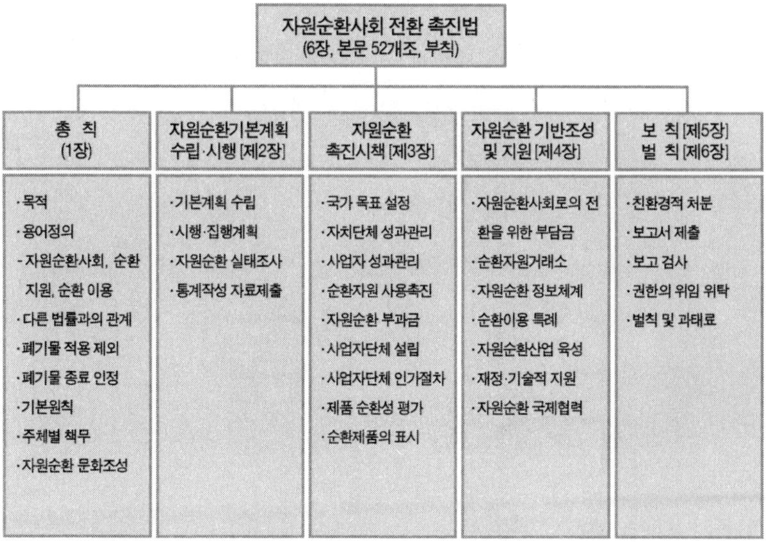

자원순환사회 전환 촉진법
(6장, 본문 52개조, 부칙)

총 칙 (1장)	자원순환기본계획 수립·시행 [제2장]	자원순환 촉진시책 [제3장]	자원순환 기반조성 및 지원 [제4장]	보 칙 [제5장] 벌 칙 [제6장]
·목적 ·용어정의 ·자원순환사회, 순환 지원, 순환 이용 ·다른 법률과의 관계 ·폐기물 적용 제외 ·폐기물 종료 인정 ·기본원칙 ·주체별 책무 ·자원순환 문화조성	·기본계획 수립 ·시행·집행계획 ·자원순환 실태조사 ·통계작성 자료제출	·국가 목표 설정 ·자치단체 성과관리 ·사업자 성과관리 ·순환자원 사용촉진 ·자원순환 부과금 ·사업자단체 설립 ·사업자단체 인가절차 ·제품 순환성 평가 ·순환제품의 표시	·자원순환사회로의 전 환을 위한 부담금 ·순환자원거래소 ·자원순환 정보체계 ·순환이용 특례 ·자원순환산업 육성 ·재정·기술적 지원 ·자원순환 국제협력	·친환경적 처분 ·보고서 제출 ·보고 검사 ·권한의 위임 위탁 ·벌칙 및 과태료

출처: 환경부

해당 법안의 주요 내용을 살펴보면 다음과 같다.

1) 자원순환 체계로의 전환

해당 법의 기본적 취지는 폐기물 중 순환자원을 인정하여 천연자원을 대체할 수 있도록 하고(순환자원 인정), 생산·유통·

소비·폐기 등 모든 과정에서 폐기물의 발생을 억제하고 순환 이용을 확대하는 한편(자원순환 성과관리), 폐기물 중 재활용가 능자원이 단순 매립·소각되는 대신 재활용되는 구조를 형성 (폐기물처분부담금)하여 이를 지원하는 데 있다.

【그림 4—4】 자원순환사회 개념도

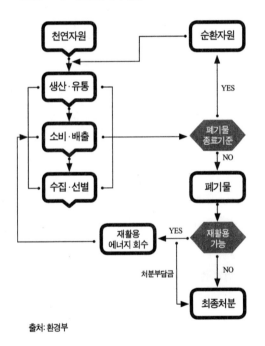

출처: 환경부

2) 순환자원 인정 제도

자순법은 자원순환사회로의 전환을 위해 '순환자원'의 개념을 도입하였다. 폐기물이 일정 요건(경제성, 환경성 등)을 충족하면 폐기물에서 제외할 수 있도록 하여 사업자의 관리 및 처리 부담을 완화하고, 국민의 안전성을 보장하는데 도입 목적이 있다. 일반적으로 폐기물은 까다로운 규제를 받기 때문에 폐기물에서 제외될 경우 재활용 사업자 등의 부담이 크게 완화되는 효과가 있기 때문이다.

과거 고철·폐지 등과 같이 직접 사용이 가능함에도 현행 법체계로서는 재활용 후에 여전히 폐기물로 간주되어 운반·사용 과정에서 규제를 받아야 하는 문제점들이 많이 지적되어 왔다. 환경부의 조사에 따르면, 현재 생활쓰레기 중 70%는 재활용이 가능한 자원이고, 매립되거나 단순 소각돼 사라지는 폐기물 중에도 에너지 회수가 가능한 물질이 56%나 포함돼 있다고 조사되고 있다. 이와 같이 자순법을 통해 국민의 안전에 해가 되지 않는다는 전제 아래, 모든 폐기물을 자원순환이라는 고리 안으로 끌어들이기 위한 고려가 진행중인 것이다.

3) 자원순환 성과관리 제도

순환자원의 실효성을 높이기 위해 성과관리 제도도 도입될 예정이다. 해당 제도는 폐기물을 다량으로 배출하는 업종(발전, 철강 등 18개 업종 총 1,500여개 업소)에 자원·에너지 목표를 설정하고 그 이행을 평가·환류하는 체계를 의미한다. 과거 온실가스 목표관리제[29] 등의 메커니즘과 흡사하다고 볼 수 있다. 향후 순환이용률, 최종처분률 등이 구체적인 관리지표로 설정되며 구체적인 목표는 국가 자원순환 목표와 업종별 특성을 종합적으로 고려하여 사업자단체와 사전협의를 거쳐 설정될 예정이다.

특히 자원순환 성과관리는 산업계와의 협의를 통해 수렴한 의견을 반영하여 우수업체에 대한 인센티브와 실행력 확보수단을 마련할 예정이다. 구체적으로 우수한 성과를 거둔

---

[29] 온실가스 목표관리제는 2020년까지 온실가스 배출 전망치(BAU) 대비 30%를 줄이기 위해 2009년 도입한 제도다(저탄소 녹색성장 기본법). 기업별 감축 목표치는 해당 기업의 과거 3년간 온실가스 배출 실적을 기준으로 정부와 업체가 이듬해 생산 증가 예상치 및 온실가스 감축 계수 등을 종합적으로 고려해 결정한다. 감축량을 할당받은 업체는 연말까지 목표 달성을 위한 구체적 이행계획을 만들고 매년 이행 결과를 정부에 보고해야 한다. 감축량을 달성하지 못한 기업은 최고 1,000만 원의 과태료를 부과 받는다.

업체에 대해서는 인센티브로서 관계부처와 함께 재정적·기술적 지원을 할 예정이다. 목표를 미이행한 경우에도 기술 진단 및 개선 요구를 거쳐 실효성 확보수단(명단공개 등)이 마련될 것이다.

【그림 4–5】 자원순환 성과관리제도

[사업장폐기물 자원순환 성과관리제(안)]

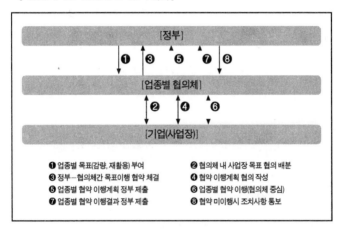

❶ 업종별 목표(감량, 재활용) 부여   ❷ 협의체 내 사업장 목표 협의 배분
❸ 정부–협의체간 목표이행 협약 체결   ❹ 협약 이행계획 협의 작성
❺ 업종별 협약 이행계획 정부 제출   ❻ 업종별 협약 이행(협의체 중심)
❼ 업종별 협약 이행결과 정부 제출   ❽ 협약 미이행시 조치사항 통보

출처: 환경부

4) 폐기물처분 부담금

자순법의 가장 중요한 핵심은 직매립을 줄이기 위해 폐기물처분 부담금(매립소각부담금)을 도입하는 것이다. 매립·소각의 방법으로 폐기물을 처리하는 사업자에 사회적 비용을 부과해 폐기물 재활용을 유도하겠다는 취지이다. 과거 재활용 비용보다 매립·소각비용이 상대적으로 낮아 폐기물 중 재활용 가능한 자원이 단순하게 소각·매립되는 문제점이 지속적으로 제기되어 왔다. 해당 제도는 폐기물 중 재활용 가능한 자원이 최대한 재활용될 수 있도록 유도함으로써 자연히 매립량의 감소를 유도하는 것이 주된 목적이다.

우리나라는 폐기물 재활용 비용은 톤당 평균 17만 원으로 매립비용(평균 3만 원)의 6배에 가까워 재활용 가능한 폐기물이 대부분 단순 매립되고 있는 실정이다. 이 때문에 발생한 폐기물을 매립하고 해외에서 폐기물을 다시 수입해서 쓰는 웃지 못할 상황도 벌어지고 있다. 대표적인 예가 석탄재다. 화력 발전소 등에서 폐기물로 나오는 석탄재는 시멘트 제조 과정에서 부원료로 활용되는데 시멘트 업계는 최근 5년간 500만 톤 이상을 일본에서 수입했다.

국내에서 폐기물로 매립되는 석탄재가 한 해 185만 톤인 점을 감안하면 굳이 일본에서 석탄재를 수입할 필요가 없는 상황이다. 하지만 일본 업체들이 석탄재를 수출할 때 주는 톤당 5000엔(약 5만3000원) 정도의 보조금 때문에 수입과정에 이점으로 작용하기 때문이다. 일본은 자순법과 비슷한 '순환형 사회형성추진기본법'을 도입해 매립세를 물리기 때문에 일본 업체들은 이런 방식으로 석탄재를 한국 등에 수출하고 있다. 우리나라에도 부담금 제도가 존재한다면 이런 일은 벌어지지 않을 것이다. 현재 민간이 가장 민감하게 반응하는 것은 이러한 부담금 때문으로 볼 수 있다. 현재도 폐기물 관리법에 따라 부담금을 내고 있는 상황에서 향후 한층 강화된 규제에 대한 두려움 때문이다. 이를 위해 정부는 일정 기준 이상 에너지를 회수하는 경우, 자가매립지에 매립하는 경우, 중소기업에 해당하는 경우, 폐기물부담금을 기 납부한 경우 등에 한해 감면조항을 명시하고 있으나, 이견이 좀처럼 좁혀지지 않는 상황이다.

하지만 자순법의 제정효과로 인한 긍정적인 측면에 대한 조사 및 논의도 상대적으로 활발히 이루어지고 있다. 실제 자원순환 성과관리 제도의 모태가 되는 '사업장폐기물 감량제도'는 원가절감, 폐기물 처리비용 감소, 환경비용 감소, 온실가스 저감 등 연간 총 6,160억 원의 경제편익 효과를 내고 있는 것으로 파악되고 있다. 폐기물 발생 예방량은 2012년 이후 계속 증대하여 2014년 기준 46만 4000톤의 폐기물 발생을 억제하였다.

또한 매출액 10억당 폐기물 발생량은 2012년 41.8톤에서 지난해 39톤으로, 생산액 10억당 폐기물 발생량은 같은 기간 50.8톤에서 48.2톤으로 감소세를 이어가고 있다. 또 재활용률은 2012년 89.8%에서 2014년 90.2%로 증가했다.

정부는 자순법이 제정되면 2020년까지 폐기물 발생량 대비 매립률이 선진국 수준인 3.0%까지 떨어질 것으로 예상하고 있다.

환경부 조사에 따르면, 자순법의 제정효과로 인해, 연간 재활용량이 1,000만 톤, 연평균 재활용시장 규모가 1.7조 원에 달하고, 일자리도 1만 개 이상 창출될 것으로 기대되고 있다.

【그림 4—6】 사업장폐기물 감량 제도, 폐기물 단위 발생량 추이

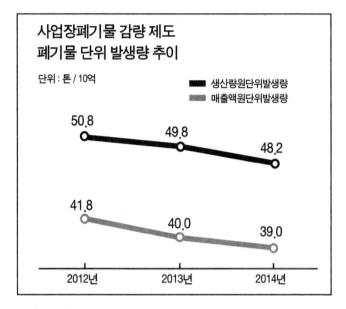

출처: 환경부

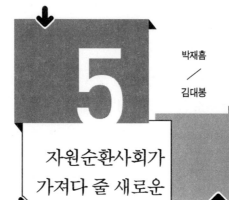

5

박재흠

／

김대봉

자원순환사회가
가져다 줄 새로운
비즈니스 기회

최근 지구온난화와 자원고갈 위기 등이 세계적 이슈로 전면에 등장하면서 국내외 환경산업은 크게 성장해왔다. 한 조사에 따르면 한국의 환경산업시장이 지난 9년간(04~13) 연평균 16%의 급성장을 보이며, 약 80조대의 시장을 형성하고 있다고 한다. 향후 자순법의 제정은 이러한 시장에 직간접적으로 매우 긍정적인 영향을 미칠 것이 확실시되고 있다. 실제 일본의 경우에도 순환사회형성기본법 제정(2000) 이후 '폐기물 처리 및 자원재활용 관련 시장' 규모가 39.3조 엔('00년)에서 43.1조 엔('12년)으로 꾸준히 상승한 것으로 나타났기 때문이다.

이러한 자원순환사회는 우리에게도 새로운 비즈니스의 기회가 될 수 있을까?

많은 사람들은 단순히 기존 환경산업으로의 개념으로만 한정하여 생각할 수도 있고, 혹자들은 다른 산업에 비해 다소 3D업종으로의 오해도 따를 수 있다. 하지만 이러한 다양한 형태의 오해를 해소하는 많은 사례들과 성공적 기업들이 지속적으로 생겨나고 있다. 일례로 자원순환사회와 관련하여 최근 떠오르는 개념이 업사이클 산업이다. 이러한 개념은 리싸이클링의 상위개념으로 폐기물이나 쓸모없는 물건들을 단순히 재활용하는 차원을 넘어 새로운 가치와 활용성을 가미, 질적으로 더 높은 신상품으로 재탄생시키는 것을 의미한다. 해당 산업의 대표적인 사례는 스위스 가방업체 '프라이탁' 이다.

폐자원을 예술로 바꾼 기업, 프라이탁 (FREITAG)

프라이탁은 1993년 스위스 출신의 그래픽디자이너 형제인 마커스 프라이탁과 다니엘 프라이탁이 설립한 가방 제조 회사이다. 스위스는 비가 많이 오는 날씨이기 때문에 비가 와도 스케치가 젖지 않게 할 만한 튼튼한 "메신저백"을 만들어야겠다는 발상에서 시작했다. 가방의 소재는 트럭의 방수천, 자동차의 안전벨트, 버려진 자전거의 고무 튜브 등 재활용 소재에서 얻으며 반드시 일정기간(방수천은 5년) 사용한 재료만을 사용한다. 또한 가공과정에 있어서도 "재활용 열"을 이용하며, 제품제작에 필요한 물의 30%는 빗물을 이용하고 있다.

총 제작공정에서 1년에 트럭 천막 200t, 자전거 튜브 7만 5,000개, 차량용 안전벨트가 2만 5,000개가량이 소요된다. 모든 제품이 수작업으로 만들어지며 모든 제품은 개별적 디자인을 가진다. 세계 350개 매장에서 연간 500억 원 정도의 매출을 올리고 있다.

——— 창립자 프라이탁 형제와 대표적 상품인 메신저백

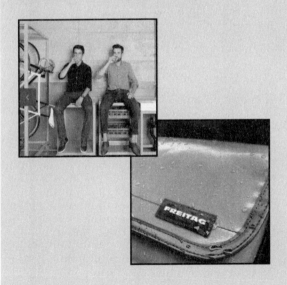

출처: 프라이탁 홈페이지

이러한 업사이클 산업은 비단 패션산업에만 해당되는 것은 아니다. 현재는 디자인 및 관련 업계 등이 주도하여 이끌고 있지만 앞으로는 건설, 인테리어 산업에서 철강산업까지 그 적용범위는 매우 다양하여 모든 산업계가 주목해야 할 부문이다. 이러한 방식은 단순히 '환경과 자원의 보호'라는 효과에만 국한되지 않고 비즈니스 측면의 새로운 부가가치를 창출할 수 있기 때문에 주목하여야 한다. 즉 자원순환사회라는 개념은 기존 인류의 생산과 소비 방식의 지속적 변화를 요구하듯이, 이러한 경제활동 과정에 생성된 기존 사고방식과 사뭇 다른 다양한 비즈니스 형태도 다시 한번 돌아보고 생각할 수 있는 계기가 되고 있다.

향후 자원순환사회의 도래에 따라 다양한 비즈니스의 기회를 고려할 수 있겠으나, 자순법 등의 도입에 따른 비즈니스 창출이라는 관점에서 폐자원의 '처리', '재활용', '에너지화' 관련 시장의 현황 및 예측, 주요 이슈사항 등을 소개하고자 한다.

1. 폐자원의 처리

1) 폐수

기업의 제품생산과정에 필수적으로 물이 사용되고, 이를 쓰고 난 뒤에 버리는 물이 폐수이다. 이러한 폐수가 정화되지 않고 외부로 배출되었을 때 심각한 환경오염을 일으킨다. 이런 이유로 최근 들어 폐수 배출업소에 대한 단속 및 관련 법규 등이 매우 강화되고 있다. 이러한 현상을 반대로 살펴보면 강화된 법규에 따라 폐수를 처리하는 시장이 활성화될 수 있음을 파악할 수 있다. 기본적으로 일정규모 이상의 기업들은 자체 폐수처리시설을 갖추고 있지만 그렇지 않은 기업들은 관련 폐수를 민간처리시장에 위탁하여야만 한다. 이러한 폐수 처리업의 종류는 수탁업과 재이용업으로 나눌 수 있다. 수탁업은 폐수시설을 갖추고 수탁한 폐수를 처리하는 것이고 재이용업은 수탁한 폐수에 포함된 재이용 가능물질(은, 요오드 등)을 추출 후 판매하여 수익이 발생하는 산업이다.

기본적으로 폐수의 발생은 생산활동의 부산물이므로 물이 다량으로 사용되는 자동차나 전기/전자 산업의 성장세에 따라 지속적으로 증가할 수밖에 없다. 우리나라의 경우 경기 불황속에서도 국내 자동차, 전기/전자, 반도체 등 국가 주력 산업의 견조한 성장세는 유지되고 있으며, 국내외 유력 기관의 한국 경제성장 전망도 낙관적인 상황이다. 이러한 흐름에 따라 해당 산업 내 필수 공정인 도금, 세정 등에서 발생하는 폐수 발생량이 꾸준히 증가할 것으로 예상된다. 여기에 2015년 말 해양투기 금지 조치에 따라 육상처리되는 물량의 유입도 증가할 것으로 예상되고 있다.

【그림 5-1】 산업폐수 위탁처리 산업 개요

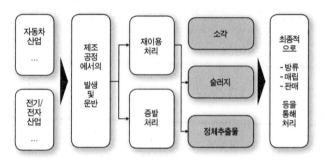

출처: 산업에 대한 이해를 바탕으로 저자가 작성

2) 폐유

폐유처리 산업은 폐유 수거업체로부터 폐유를 구매하여 정제 및 중간처리 후 생성되는 정제연료유의 판매를 통해 수익을 창출하는 산업이다. 폐유는 자동차유, 선박유, 유압 및 기계 등에 사용되는 산업용 윤활유 등 다양한 산업에서 발생하며, 해당 산업 경기에 밀접한 영향을 받는다. 최근까지 원유의 공급과잉으로 2014년 하반기부터 이어져 온 저유가 기조가 고착화될 것이라는 분석이 있다. 향후에도 이러한 국제유가가 지속적으로 약세를 나타낸다면 사실 폐유를 재활용하는 시장은 매우 큰 타격을 입을 수밖에 없을 것이다. 하지만 반대로 국제유가가 일정가격 이상으로 반등한다면 상황은 180도 달라질 수 있다. 해외 주요 언론에서도 향후 2~3년 안에 국제유가가 반등할 것이라는 분석도 상당수 존재하기 때문이다.

민간처리시장의 경우 수거된 폐유는 거의 전량이 정제되어 재활용 가능하고, 소각 및 기타 처리되는 양은 매우 소량이다. 처리 방법은 크게 '고온열분해처리', '이온정제처리', 감압증류처리의 세가지로 분류된다. 최종적으로 정제된 벙커C유 대체용 연료유 가격은 원유 시세와 매우 밀접한 상관관계를 가지며, 평균적으로 벙커C유 가격의 70% 수준으로 조사된다. 여기서 주목할 점은 이러한 벙커C유의 가격이 일정가격 이하로 떨어지면 정제업체의 수익성이 매우 악화된다는 것이다. 최근의 저유가 상황으로 관련 국내업계의 전반적인 수익상황이 좋지 않은 것으로 보이나, 향후 국제유가의 반등 등에 따라 수익성 향상도 기대할 수 있는 산업이다.

【그림 5-2】폐유 산업 개요

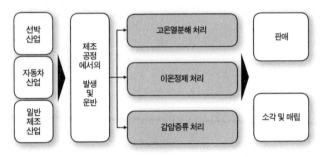

출처: 산업에 대한 이해를 바탕으로 저자가 작성

3) 폐산 / 폐알칼리

폐산, 폐알카리는 PH농도에 따라 구분된다. 일반적으로 PH가 2이하인 것을 폐산, 12이상인 것을 폐알칼리로 구분한다. 강한 산성과 알칼리성의 물질이 외부로 배출되었을 시 주변 환경을 오염시킬 수 있고, 인체에 매우 해로운 영향을 줄 수 있기 때문에 폐산, 폐알칼리의 경우 유해폐기물로 분류하여 법적으로 지정폐기물로 지정하여 관리하고 있다.

폐산 / 폐알칼리 산업은 위탁받은 폐산 / 폐알칼리의 중간처리 및 재활용 처리를 통한 물질 판매 등에서 수익이 발생하는 산업이다. 폐산/폐알칼리는 물리화학적 처리 후 크게 2가지 경로를 거쳐 처리되는데, 방류되거나 방류불가인 경우 소각 및 매립 처리되는 중간처리와 정체처리 후 추출 등을 통한 부산물 재활용 처리 부문으로 나뉘어 진다. 소량이지만 폐산 혹은 사회적 이슈가 되었던 불산의 경우 이를 배출한 기업에게는 처리비용이 높은 폐기물이자, 처리업체에게는 고가의 수익원이기도 하다.

향후 국내 전기/전자, 반도체 등의 국가 주력산업의 성장세에 힘입어 발생량도 증가할 것으로 예측되며, 이를 처리하는 관점에서 재활용하는 시장으로의 전환이 이루어질 것으로 예측되고 있다.

【그림 5-3】 폐산/폐알칼리 위탁처리 산업 개요

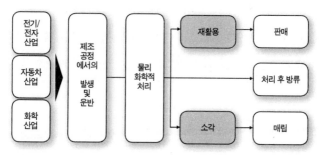

출처: 산업에 대한 이해를 바탕으로 저자가 작성

폐산/폐알칼리의 발생은 폐수와 같이 자동차나 전기/전자 산업의 성장세에 따라 지속적으로 증가할 수밖에 없다. 앞서 언급한 바와 같이 현재 경기 불황 속에서도 국내 자동차, 전기/전자, 반도체 등 산업의 성장세는 유지되고 있으며, 향후 한국 경제의 성장전망도 낙관적인 상황으로 관련 산업 내 필수 공정인 도금, 세정 등에서 발생하는 폐산/폐알칼리 발생량이 꾸준히 증가할 것으로 예상된다. 다만 중장기적으로는 폐산/폐알칼리의 단순 처리보다는 자순법 등의 재활용 처리를 위한 정책적, 제도적 지원 확대에 따라 재활용 시장의 성장이 기대된다.

4) 소각

소각산업은 가연성 폐기물의 소각처리 및 이로 인한 스팀, 전력, 신재생에너지공급인증서(REC, Renewable Energy Certificate)[30]등의 판매로 수익이 발생하는 산업이다. 즉 소각은 폐기물의 중간처리의 한 방법으로 폐기물의 부피감소 및 처

---

30 신재생에너지공급인증서(REC)는 신재생에너지 설비를 이용해 전력을 생산했다는 증명서로 인증기관이 발전사업자의 에너지설비와 발전량을 검증하고 이를 기준으로 배포함. 일정규모 이상의 발전사업자에게 총 발전량 중 일정량 이상을 신재생에너지 전력으로 공급토록 하는 의무화제도(RPS, Renewable Portfolio Standard)의 일환임.

리과정에서 중금속 및 기타 유해물질을 매립 전에 사전제거할 수 있는 장점을 가지고 있다. 현재까지 소각산업은 가연성 폐기물을 소각 처리하는 과정에서 발생하는 수익이 주된 수익원으로 분석되나, 향후 소각로의 폐열을 이용한 스팀 및 전력생산, REC 등의 부가적인 수익이 점차적으로 증가할 것으로 예측된다. 향후 자원순환형 경제사회구조로의 전환에 따라 매립율 축소로 인해 소각시장으로 유입되는 물량 또한 증가할 것으로 예측된다. 또한 소각산업은 대규모 시설투자가 요구되는 장치산업이기도 하다.

【그림 5—4】 소각 산업 개요

출처: 산업에 대한 이해를 바탕으로 저자가 작성

5) 매립

자순법의 가장 핵심적인 내용 중 하나는 향후 매립 제로화이다. 재활용을 극대화하고 매립으로 이어지는 양을 최소화하자는 취지이다. 이를 위해 향후 폐기물을 매립하는 경우 사회적 비용을 매립세라는 부담금으로 부과하도록 하는 규제를 검토 중에 있다. 이러한 제도 도입으로 장기적으로는 매립량의 감소로 이어질 것으로 예측되나, 일정규모 이상의 매립은 불가피한게 현실이다. 앞서도 언급했듯이 폐기물의 해양투기가 금지되면 해당 물량의 유입도 무시할 수 없는 상황이다.

매립산업은 일반(생활&사업장)폐기물 및 지정폐기물의 최종처분을 통해 수익이 발생하는 산업이다. 매립시설은 대표적인 혐오시설로써 신규부지확보 및 허가 취득이 몹시 어려워 진입장벽이 매우 높은 산업이다. 2013년 기준 일반폐기물 발생량 중 매립비율은 약 9.3%로 12년 8.8% 대비 다소 증가했다.

향후 자순법 등의 도입에 따라 매립량의 감소가 예상됨에도 불구하고 매립여력(잔여용량)이 있는 혹은 풍부한 민간업자들의 경우에는 조심스럽게 시장의 성장성을 기대해 볼 수 있는 산업이다.

【그림 5-5】 폐기물 매립 산업 개요

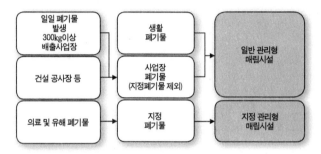

Note: 사업장 폐기물을 처리하는 매립업체 일부는 지정폐기물 매립시설을 함께 갖추고 있음.

출처: 산업에 대한 이해를 바탕으로 저자가 작성

2. 폐자원의 자원화

1) 폐자동차 재활용

폐자원 중 자동차는 다양한 구성 부품과 소재로 인해 재활용의 가치가 중요하게 인식되는 분야이다. 폐자동차를 재활용함으로써 각종 금속, 비금속 자원을 획득할 수 있고, 부족 자원의 보충뿐만 아니라 환경 오염도 일부분 억제할 수 있다. 이러한 효용으로 인해 해외 주요 국가에서는 폐자동차 처리에 대한 지침 등을 통해 폐자동차 재활용에 적극 개입하고 있는 상황이다.

유럽연합(EU)의 경우 2002년부터 폐자동차 처리지침

(End of Life Vehicle Directive)을 통해 각 회원국이 이 지침에 근거하여 자국법을 제정하도록 촉구하고 있으며 일본, 중국 등도 유사 법규를 제정하여 운영하고 있는 추세[31]이다.

우리나라의 경우도 자동차 보급이 늘어나고, 자원재활용에 대한 사회적 인식이 높아지면서 자동차 재활용에 크게 주목하고 있다. 2015년 7월, 국토교통부 조사 통계에 따르면, 국내 자동차 보급대수는 2천 62만 대로, 국민 2.4명당 1대의 자동차를 보유하고 있다.

---

31 【폐자동차 재활용 관련 해외 규제】

구분	유럽연합(EU)	일본	중국
법안 명칭	폐자동차처리지침 (ELV Directive)	폐자동차 재활용법 유효자원 이용 촉진법	자동차 제품회수 이용 기술정책
목적	유해물질 제거, 폐차회수, 재활용촉진	회수,재활용촉진, ASR 재활용	자동차의 친환경적 설계 및 재활용
범위	9인승 이하 승용차 3.5톤 이하 트럭	특수차량을 제외한 모든 자동차	9인승 이하 승용차 3.5톤 이하 트럭
대상	자동차 생산자, 수입차업체	제조사, 소비자, 해체업자, 재활용업체	자동차 생산자, 해체업체, 재활용업체
시행 시기	2022.07.01 (무상회수시점기준)	2005.01.01	2010.01
주요 내용	- 차내 4대 중금속 제거 - 무상회수체계구축.운영 - 환경친환적처리,재활용 목표비율 달성 - 재활용정보의 제공	- 환경친화적 처리 시설 구축 및 운영 - 프레온가스 / 에어백/ ASR 회수 재활용 - 재활용 정보의 제공	- 4대 중금속 제한 - 재활용목표달성 - 폐자동차 회수처리 - 폐자동차 회수처리 의무 부여 및 대상업체 지정

【그림 5—6】 폐자동차 재활용 산업 개요

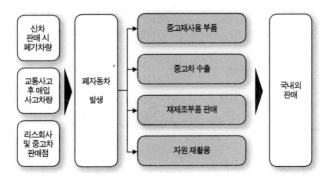

출처: 산업에 대한 이해를 바탕으로 저자가 작성

지속적으로 자동차 등록 대수가 늘어나고 있으며 개인들의 차량 교체 주기도 짧아져 폐차되는 자동차 시장의 규모가 증가하고 있다. 폐자동차 재활용은 중고재사용부품 유통, 재제조부품 판매, 중고차 수출, 자원재활용 등 크게 4가지 형태로 분류된다. 이 중 자원재활용이 매출의 약 70%를 점유하고 있으며, 부품으로 재사용 되거나 수출되는 비율은 약 25% 전후이다.

폐자동차는 신차 판매 시 폐기되는 차, 교통사고 후 보험회사, 정비업체를 통해서 매입되는 사고차량, 자동차 리스회사, 중고차 판매점에서 매입되는 중고차량 등 다양한 통로를 통해서 수집된다. 이렇게 수집된 폐자동차 중에서 자동차 프레임에 이상이 없거나 상태가 양호한 자동차는 원형 그대로 또는 일부 부품을 교체한 후 중고차로 수출된다.

중고차로 수출되는 폐차를 제외한 대부분의 폐자동차는 주요 부품들을 해체한 후 사용 가능한 부품은 중고부품으로 판매한다.

【그림 5-7】 폐차 입고 후 처리 공정

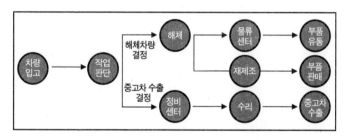

출처: 인선모터스

해체 공정은 대부분 폐차장이 비슷한 시스템을 갖추고 있다. 해체라인에 들어서면 연료, 폐액류, 냉매가스 등을 회수한 후 타이어, 배터리 등 주요 부품을 먼저 해체하게 된다. 이후 차량 하부, 엔진, 실내 부품 등을 해체하는 순서로 대부분 이루어진다.

【그림 5-8】 폐차 입고 후 해체 공정

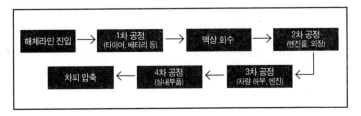

출처: 인선모터스

일반적으로 소형 승용차 기준으로 재질별로 철 68%, 비철 5%, 플라스틱 11%, 고무, 유리, 폐액류, 타이어 등이 나머지 비중을 차지한다.

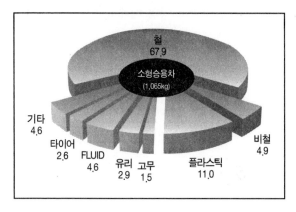

출처: 자동차부품연구원

우리나라의 경우도 선진국과 마찬가지로 자원순환 및 환경 보전, 폐자동차 재활용률 확대 등을 위해 2008년부터 '전기·전자 제품 및 자동차의 자원순환에 관한 법률'을 제정하여 시행하고 있다. 관련법에는 자원순환사회 구축을 위해 2015년 1월 1일부터 자동차 중량대비 폐자동차 재활용률 95% 달성을 법으로 규정하고 있고, 2009년부터 2014년까지는 85% 달성을 목표로 정했다.

【그림 5-10】 전기·전자 제품 및 자동차의 자원순환에 관한 법 주요 내용

구 분	내 용
목적	- 유해물질 제거, 폐차회수, 재활용 촉진
적용대상	- M1(9인승 이하 승용차) - N1(차량 중 중량 3.5톤 이하 화물차, 예비부품, 교체부품 포함)
폐차회수	- 제조사 : 폐차가격 〈재활용비용 - 회수자 : 폐차가격〉재활용비용
재활용 목표	- 2009.1.1~2014.12.31 :재활용률 85% 달성(에너지회수율 5% 이내) - 2015.1.1~ :재활용률 95% 달성(에너지회수율 10% 이내)
중금속 규제	- 납, 카드뮴, 수은, 6가크롬 등 4대 유해물질을 법규 허용치 이내에서만 사용
해체매뉴얼 제공	- 해당제품 출고 6개월 경과 후 재활용업자 요청 시 1개월 이내 제공 (IDIS, International Dismantling Information System 제공 시 제외)
재활용 실적관리	- 한국환경공단에 보고(EcoAS:전기전자제품 및 자동차 재활용시스템)
재활용책임	- 폐자동차 재활용업체(해체재활용업체, 파쇄재활용업체, 파쇄잔재물재활용 업체, 폐가스류처리업체)
비용부담 주체	- 시장가격과 재활용비용 차이에 따라 다름
운영기관	- 한국환경공단

출처: 환경부

　

현재 재활용률은 85% 내외에 불과해 정부는 자동차 완성차 업체와 인선모터스·조은네트워크·오토인프라 등의 폐차장과 함께 2015년까지 폐자동차 재활용률을 95%까지 올리는 것을 목표로 '폐자동차 자원순환체계 선진화 시범사업'을 추

진한 바 있다. 2011년 85.1%를 달성하면서 부분적으로는 목표를 초과하고 있지만 전반적인 재활용률은 아직 90%를 밑돌고 있는 상황이다.

이러한 재활용 수치는 EU 등 선진국과 비교했을 때도 상당히 낮은 재활용률이다. 2011년을 기준으로 독일은 96%의 재활용률을 기록했고, 덴마크, 불가리아, 벨기에 등도 90% 전후의 재활용률을 보이고 있다.

【그림 5—11】 EU 주요국가 폐자동차 물질 재활용률 비교

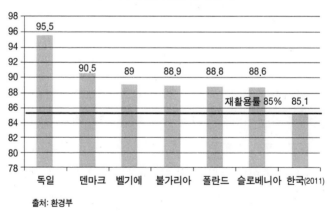

출처: 환경부

폐자동차의 낮은 재활용률은 폐차 업체의 영세성과 낙후된 폐차 시스템에서 찾을 수 있다. 2015년 9월까지 경기도 주요 폐차장의 폐차 현황을 보면 약 44% 업체가 월 평균 100대 미만의 해체를 하고 있다. 2014년 기준으로는 전국 514개 폐차장 중 월 100대 미만 폐차 처리 업체는 62%이다.

【그림 5-12】 전국 폐차장 해체 비율

구분	기준	업체 수	월 100대 미만 업체	비율
경기도	2015년 1월~9월	91	37	44%
전국	2014년	514	318	62%

출처: 인선모터스 제공

이러한 영세성으로 인해 폐차장의 수익구조는 악화되고 있다. 수익구조 악화에 따라 많은 폐차업체는 경제적 가치가 높은 부품만을 재활용하고 있으며, 비용 저감을 위해 재사용 가능한 부품이나 재활용 가능한 물질도 무단 폐기하거나 대기나 토양에 방출하는 등 환경 오염도 유발하는 상황이다.

【그림 5-13】 폐차로 인한 환경오염

—— 실외공간에 방치되어 있는 부품들

—— 폐차장으로부터 주변 하천으로 방출되는 오폐수

—— 폐차장에 폐차 및 폐부품 적재 현황

출처: 환경부

폐자동차 재활용을 통한 자원화의 중요성을 감안한다면 정부의 시장 현대화 노력과 재활용 확대 전략이 필요한 상황이다. 정부에서도 이의 중요성을 인지하고 2010년 이후 지속적인 시장 개선 노력을 진행 중이다.

【그림 5-14】 폐자동차 자원화 관련 주요 정부 정책

제도	시기
환경부, '재사용부품 활성화 계획' 발표	2013. 05
국토부, 재사용부품 온라인쇼핑몰 구축 발표	2013. 07
대체부품 인증제 시행	2015. 01
중고 재사용부품 이력관리 및 품질보증 의무화	2016. 01
무등록 딜러 폐차 매집 제한	2016. 02

출처: 환경부

폐자동차 재활용 및 자원화의 마지막 단계는 슈레더 공정을 통한 철스크랩 생산이다. 폐자동차의 해체를 통해 자원재활용을 마친 차체는 압축과정을 거쳐 슈레더 공정을 통해 철스크랩으로 재생산되어 판매된다.

이렇게 생산된 철스크랩은 각종 철제 제품의 주요한 원료로 재사용되는데, 대부분 H빔 등 형강류 제품 생산에 사용된다. 하지만 최근 생산된 제품은 품질이 우수해 특수강 원료나 자동차 부품소재를 만드는 주물 원료로도 사용된다. 형강류 제품에 사용되는 제품은 고망간철, 특수강이나 주물 원료로 활용되는 제품은 저망간철로 구분한다.

【그림 5-15】 고망간철과 저망간철의 구분

구분	고망간철	저망간철
특 징	- 쓰레기 등 불순물이 완전히 제거되지 않음 - 충격에 약하고 부러짐	- 쓰레기, 불순물 함유량 거의 없음 - 충격에 강하고 부러짐 없이 휘어지는 성질
활 용	형강 제품	특수강 제품, 자동차 부품 주물 소재 원료
가 격	형강류 → 특수강 → 주물용 (주물용이 고가격대 형성)	

출처: 환경부

【그림 5-16】 저망간철 생산 프로세스

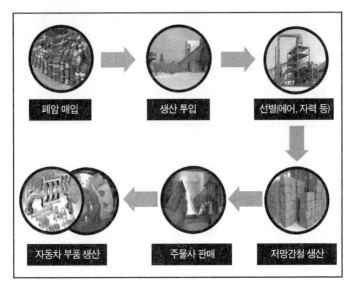

출처: 인선모터스

폐자동차 자원화의 주요한 부분 중 하나가 부품 활용이다. 현재 폐차의 약 70%는 정상 운행이 가능한 상태에서 입고가 되기 때문에 이들 차량에서 분리한 부품은 유사 차량에 장착되어 정상적인 기능이 가능하다. 따라서 중고부품 판매를 통한 수익성 향상도 기대할 수 있다. 자동차 중고 부품은 폐차로 입고된 차량에서 분리한 부품으로, 차량에서 분리 후 세척, 품질 검사를 거친 후 창고 등 적절한 장소에 보관하고 있는 부품이다. 차량에서 분리만 한 소위 해체 부품과는 크게 다르며, 범퍼, 보닛 등의 외장 부품에서, 엔진, 미션 등 기능 부품에 이르기까지 거의 모든 부품이 중고 재사용부품으로 판매가 가능하다. 하지만 국내 재사용 부품 현황은 해외 국가들에 비해 매우 저조한 실정이다. 환경부에서 진행한 '자동차 재사용부품 활성화 시범사업 경과보고'에 따르면 2012년 기준 우리나라 자동차 부품 재사용률은 5%이다. 네덜란드의 경우 2007년 기준 22%, 프랑스의 경우 2006년 기준 14%로 조사되면서 우리나라보다 중고부품 사용률이 높다. 조사 기준 연도의 차이를 감안한다면 그 차이는 더 벌어졌을 것으로 판단된다.

【그림 5-17】 주요 국가의 자동차 부품 재사용률

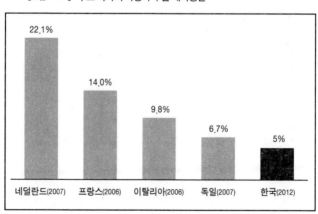

출처: 자동차 재사용부품 활성화 시범사업 경과보고, 환경부 자원 재활용과, 2013

정부에서도 자동차 재사용부품 활성화를 위해 시범사업을 진행하고, 시범사업의 결과를 분석하여 자동차부품 재사용 비율을 높이는데 힘을 쏟고 있다. 2012년 4.5%인 재사용 비율을 2017년까지 10%로 끌어 올린다는 계획이다.

【그림 5-18】 자동차 재사용부품 활성화 시범사업 개요

Vision	모두가 win-win 하는 자동차 재사용부품 시장 형성
목표	재사용부품 시장 활성화를 통한 자원순환률 확대 [자동차 부품 재사용률 : (2012)4.5% → (2017)10%]
기간	2013년 12월까지
지역	수도권 일대 (서울, 경기, 인천)
주요내용	거래 / 유통시스템 구축, 인증 / 보증체계 마련, 재사용부품 수요 / 공급 창출
대상부품	외장부품 14개 대상 (도어류, 범퍼, 램프류, 사이드미러, 라디에이터그릴 등)
현황	12개 폐차장 및 12개 정비업체 참여 (2013. 5. 21 협약)

출처: 환경부

중고 재사용부품의 활성화 관련 설문 조사 결과, 낮은 소비자 인식, 품질보증체계의 부재, 재사용부품 재고검색시스템 부재 등이 중고부품 활성화를 위한 주요 개선 사항으로 나

타났다. 현재 정부 정책은 이러한 문제점을 해소하는데 초점을 두고 있으며, 폐차 업체도 정부 정책에 발맞추어 부품 이력 및 품질관리에 주력하고 있는 상황이다. 인선모터스의 경우 차량의 입고 과정에서부터 QR코드를 부여하여, 부품의 QR코드를 스캔하면 부품을 분리한 차량의 상세 정보를 확인할 수 있는 전산관리체계를 구축하고, 자체 품질관리기준을 정하여 운영하고 있다.

【그림 5-19】 QR코드를 부착한 중고부품

출처: 인선모터스

한 조사기관에 따르면 한국의 중고부품 시장 규모를 추정해 보면 현재 불모지인 한국의 중고부품 시장은 2,500억 원까지 성장할 것으로 예측하고 있다. 여기에 한국의 자동차 보유대수 기준 폐차율이 현재의 4%에서 일본 수준인 6.4%까지 상승한다면 약 4,000억 원까지 확대될 수 있을 것으로 전망하고 있다.

【그림 5-20】 폐자동차 자원 재활용 프로세스

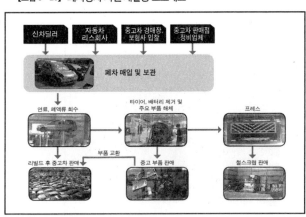

출처: 인선모터스

자동차에 포함되어 있는 금속자원도 크게 주목 받고 있

다. 전체 자동차 보급대수 1,940만 대 기준으로 자동차에 포함되어 있는 금속자원의 경제적 가치는 약 11.5조 원으로 추정되고 있다. 특히 자동차의 경우 주로 합금첨가용으로 사용되는 희소금속은 보통강과 특수강에 필요한 크롬, 망간, 니켈이 대부분을 차지하며, 하이브리드 자동차에는 1대당 약 9.1~11.3kg의 희소금속, 일반 자동차에는 1대당 4.5kg이 포함되어 있다. 따라서 국내 보급된 자동차에는 최소 8.2만톤의 희소금속이 포함되어 있어, 그 잠재가치는 약 1.8조 원 수준으로 추정된다.

현대사회에서 희소 금속의 일종인 희토류는 전기 및 하이브리드 자동차, 풍력발전, 태양열 발전 등 21세기 신사업 구축에 요구되는 핵심적인 자원이다. 예를 들어, 전기자동차 한대를 움직이는 데 필요한 영구자석에는 희토류 원소가 약 1kg가량 포함되어 있다. 일본에서는 제1세대 하이브리드카의 폐차가 나오기 시작했을 때부터 자동차 제조사들이 하이브리드카용 배터리를 회수하려는 움직임을 보여왔다. 혼다의 경우 2012년 폐차된 하이브리드카에서 니켈수소전지를 회수한 후 네오디뮴(Neodymium)과 같은 희토류를 재활용한다고 발표했다. 도요타는 2010년에 니켈수소 배터리로부터 희소금속인 니켈을 추출하는 기술을 확보했으며 혼다는 원소단위의 희토류를 추출할 수 있다고 선전하고 있다. 이미 16년 전에 하이브리드 자동차를 판매하기 시작한 일본은 앞으로 대량으로 발생하게 될 하이브리드카의 배터리를 재자원화해서 차세대 전기자동차의 배터리 제조에 사용하려고 하고 있다.

일반적으로 재활용이라는 의미에는 기존제품보다는 성능이나 품질면에서 떨어진다는 인식이 존재한다. 최근 들어 국내에서 다시 주목받고 있는 재제조산업은 고장, 폐기, 교환된 물건을 회수하여 신제품과 같은 상태로 회복시키는 과정을 뜻한다. 앞서 언급된 업사이클링 산업으로 보아도 무방하다. 재사용 및 재활용에 비해 재제조는 폐기물을 제조 단계에서 역으로 투입하여 새로운 제품으로 생산하는 것이다. 고장나거나 폐기된 물건을 신제품과 같거나 나은 상태로 회복시키는 것이 핵심 개념이므로 재제조제품은 신제품 혹은 중고제품과는 다른 새로운 시장을 창출할 수 있다는 점에서 향후 성장가능성에 대한 기대가 점쳐진다. 재제조는 부속품 교환 및 보수 등을 통해 사용 수명을 늘리고 신품과 거의 동일한 성능을 보인다는 점에서 재사용부품, 재활용과 차별화된다.

【그림 5-21】 재제조, 재사용, 재활용 용어 정의

구분	정의	주요 대상
재사용 (Reuse)	회수한 중고부품을 원형 그대로 잔존 수명만큼 동일 용도로 재사용	주요 외장부품, 일부 기능성부품
재활용 (Recycling)	폐부품을 수거하여 원재료의 잔존 가치를 활용하기 위해 물리적 가공을 거친 후 재생산될 제품의 원재료를 생성하는 과정	고철 /비철금속 함유부품, 범퍼, 플라스틱, 연료탱크 등
재제조 (Remanufacturing)	사용 후 제품을 체계적으로 회수하여 분해, 세척, 검사, 보수 / 조정, 재조립 등의 일련의 과정을 거쳐 원래 신제품의 기능 및 성능으로 회복시키는 과정	등속조인트, 제너레이터, 컴프레서 등 주요 기능성 부품

출처: 환경부

재제조산업은 모든 제품을 대상으로 할 수 있기 때문에 새로운 사업의 기회가 된다. 폐기 처리에 소요되는 비용을 절감할 수 있어 비용을 수익으로 전환할 수 있으며, 새로운 산업을 창출할 수 있어 고용을 증대시킬 수 있다. 재제조 부품이나 제품을 사용하는 소비자 입장에서는 비용 절감의 효과가 있으며, 자원순환 측면에서 에너지나 원료를 가장 효과적으로 절감할 수 있는 등 여러 측면의 긍정적인 요소들이 있다.

기여 효과	정 의
녹색산업	사용 후 제품을 대부분 다시 활용하기 때문에 신제품 대비 70~80% 이상 에너지, 자원소비 절감
일자리 창출	분해, 세척, 검사 등의 과정이 자동화가 곤란하여, 고용창출 효과가 높으며 퇴직자 재취업과 유휴인력 활용에 효과적
물가 안정	신세품과 성능은 유사하나 가격은 30~60% 수준으로 물가 안정에 기여
선택범위 확대	신제품과 중고품 외 재제조품이 추가됨으로써 소비자 선택 폭을 확대

출처: 환경부

미국의 경우 재제조 산업이 가장 발달한 국가로 자동차, 항공기, 선박, 기관차, 건설중장비, 기계류, 전기기기, 의료기기, 사무용 가구, 토너 카트리지, 전자제품 등 자본재와 내구소비재 등 다양한 산업에서 재제조가 활발히 일어나고 있다. 미국 내 재제조 산업에서 가장 비중이 큰 부품은 자동차부품으로 2010년 기준 매출 규모는 약400억 달러, 재제조업체 수는 5만여 개에 달한다. 미국의 재제조 산업 규모는 연간 1,000억 달러로 추정되며 7만 5,000개의 재제조업체에서 50만명 이상의 일자리를 창출하고 있다. 미국 재제조 산업은 원제조 업체가 재제조 산업에 적극 참여하고 있어 제품의 품질에 대한 소비자들의 신뢰가 매우 높으며, 고가 품목의 재제조품에 대한 수요도 꾸준히 증가하고 있다는 특징이 있다.

상대적으로 국내 재제조 산업은 초기단계로 대부분 자동차부품, 토너 카트리지 등에 집중되어 있으며, 소규모 영세업체가 큰 비중을 차지하고 있다.

국내 재제조 산업은 2005년 『환경친화적 산업구조로의 전환 촉진에 관한 법률』이 개정되면서 산업 육성에 대한 근거가 마련되었지만 기술 수준이 선진국의 30% 정도인 것으로 추정된다. 시장규모 또한 2010년 기준으로 자동차부품이 영위업체 수 약 2,500여 개, 연 2,500억 원 매출, 토너 카트리지가 영위업체 수 약 200~250여 개, 연 820억 원 매출로 판단되어 선진국 대비 기술수준과 시장규모가 모두 떨어지는 상황이다. 재제조 산업이 갖는 경제적, 환경적 가치를 감안한다면 정부에서도 관련 산업을 적극 육성할 것으로 전망되어, 향후 발전 가능성이 높은 분야이다. 국내에서 재제조 사업을 영위하는 대표적인 업체는 만도의 자회사인 한라마이스터와 인선이엔티 등이다. 한라마이스터는 자동차용 알터네이터, 스타트 모터, 스티어링 기어 등을 재제조하며 국내 시장의 약 45%를 점유하고 있다. 건설폐기물업에서 새로운 신성장동력을 확보하기 위해 고심해온 인선이엔티는 자회사 인선모터스를 통해 배터리, 알터네이터, 스타트모터, 타이어, 에어컨 컴프레서 등을 대상으로 재제조 사업을 적극적으로 추진해 나가고 있다.

【그림 5-23】 국내 주요 재제조 부품

 ── 스타트모터

에어컨 컴프레서 ──

 ── 알터네이터

출처: 인선모터스 홈페이지

2) 건설 폐기물 재활용

천연골재의 채취가 무한하지 않다는 것은 모두가 알고 있는 사실이다. 우리나라 정부에서도 천연골재 고갈에 대비하여 건설폐기물의 재활용 가능성에 주목하고, 2003년 정부 시범사업으로 "재생골재 생산·유통 기지 건설"을 추진하였다.

천연골재 채취가 언제까지 가능할까? 우리나라 한 해 골재 소요량은 약 2억 2천만~2억 5천만 톤(㎥)이다. 정부에서는 2003년 기준으로 2023년 고갈될 것으로 예측했다. 먼 미래의 이야기가 아닌 것이다. 그동안 해양 채취 등으로 천연골재 수요에 대응해 왔지만 천연골재를 대체할 수 있는 재활용 골재인 순환골재의 중요성은 점차 커지고 있다

일반폐기물은 크게 생활폐기물, 사업장폐기물, 건설폐기물로 구분된다. 이 중 건설폐기물은 건설공사 현장에서 발생되는 5톤 이상의 폐기물을 말한다. 2013년 환경부 집계 기준으로 일반폐기물 발생량은 1일 38만 톤이며, 이 중 건설폐기물은 18만 3천 톤이 발생하고 있다.

【그림 5-24】 2013년 폐기물 분류별 재활용 현황

[기준: 1일 / 톤]

구분	일반폐기물(생활 / 건설)				지정폐기물
	전체	생활폐기물	사업장폐기물	건설폐기물	
발생량	382,081	48,728	149,815	183,538	4,532,106
매립	35,604	7,613	24,629	3,362	865,216
소각	22,918	12,331	9,339	1,247	778,343
재활용	320,951	28,784	113,238	178,929	2,675,715
해역배출	2,608	—	2,609	—	212,832

출처 : 「전국 폐기물 발생 및 처리현황(2013년도)」, 환경부

건설폐기물 재활용이 주목받기 시작한 것은 불과 10여 년 전이다. 천연골재 부존량이 점차 줄어들고, 환경 파괴에 대한 우려가 높아감에 따라 골재 채취량을 조절할 필요성이 있었는데, 마침 재건축 등의 증가로 발생량이 크게 증가한 건설폐기물 재활용을 주목한 것이다. 건설폐기물 발생량은 1996년 대비 2013년 6.5배로 급증했다. 같은 기간 전체 폐기물 증가는 3.3배로 건설폐기물 증가비율이 약 2배 정도 높게 집계된다. 건설폐기물은 발생량의 증가와 함께 재활용 비율도 증가하고

있는데, 정부의 재활용 노력과 폐기물 처리 업체의 분리·선별, 파쇄·분쇄, 박리 등의 기술 개발에 대한 결과가 재활용 증가로 나타나고 있다.

【그림 5-25】 건설폐기물 중간처리 및 순환골재 생산 플랜트

출처: 인선이엔티

【그림 5-26】 건설폐기물 발생 및 순환골재생산

출처: 인선이엔티 지속가능성보고서, 2011년

【그림 5-27】 폐기물 발생 및 재활용 증가 추이

[단위 : 톤/1일, %]

구 분	1996년		2000년		2013년	
	전체	건설	전체	건설	전체	건설
발생량	175,334	28,425	226,668	78,777	382,081	183,538
재활용	96,259	16,589	153,366	66,685	320,951	178,929
재활용률	54.9	58.3	67.7	84.7	84	97.5

출처: 환경부

순환골재의 판매량은 2010년 3,809만톤에서 2012년 4,400만톤으로 증가하고 있는데, 순환골재의 사용은 비용 절감뿐만 아니라 환경 보호에도 중요한 역할을 한다.

이런 이유로 환경부와 국토교통부는 지속적으로 순환골재 시범 사업을 전개하면서 순환골재 사용을 유도하고, 그 효용 가치를 홍보하고 있다. 특히 공공공사의 경우는 '환경부고시 2012−198호'를 통해 순환골재 및 폐아스콘 의무 사용량을 정했는데, 이에 따르면 2016년부터 공공공사의 40%는 순환골재 및 폐아스콘을 사용해야 한다.

【그림 5−28】 순환골재 등 의무사용 건설공사의 순환골재·순환골재 재활용 제품 사용 용도 및 의무사용량

구분	2012년	2013년	2014년	2015년	2016년
순환골재	15%	25%	30%	35%	40%
폐아스콘	15%	20%	25%	30%	40%

출처: 환경부

최근 순환골재 및 폐아스콘 등의 사용을 통한 비용 절감 사례 등의 홍보 및 전파를 통해 순환골재의 사용을 적극 유도하고 있다.

순환골재 사용을 통한 비용 절감 사례

〈사례1〉

경상남도 함안군은 칠원 2단계 하수관거 정비사업
(사업기간 : 2013년~2016년, 공정율 40%, 위치 : 칠원읍 및 칠서면
일원)에 재생골재 및 재생석분 45,570㎥를 하수관거 보
호사 및 보조기층재로 사용해 4억 5,000만 원의 예산을
절감하였다.

〈사례2〉

전남개발공사는 남악신도시 오룡지구 택지개발
(사업기간 : 2013년~2021년) 1단계 사업에 건설폐기물에서
분리·선별된 순환토사 120,000㎥를 성·복토재로 사용
해 5억 4,600만 원의 예산을 절감하였다.

〈사례3〉

창원시 상수도사업소는 2014년 관내 미급수지역
생활용수 공급관로 공사 및 노후 수도관 교체공사에
서 천연골재를 대체하여 순환골재 38,400㎥를 사용해
5억 원의 예산을 절감하였다.

〈사례4〉

　충청남도 당진시는 2011년 우강송산지구 도시개
발사업 등의 공사에서 총 3만 2,000톤의 재생아스콘을
천연골재의 대체제로 사용해 4억 9,000만 원의 예산을
절감하였다.

〈사례5〉

　삼성물산(주)은 인천터미널 물류단지 조성공사 등
5개 공사에 도로보조기층재 등의 용도로 순환골재를
사용해 2011년 천연골재 구입 예산 대비 총 17억 5,000
만 원을 절감하는 성과를 보였다.

〈사례6〉

　강릉시는 2007~2013년 최근 7년간 구정군도 3호선
확포장공사 등 97건의 공사에 재생 상온 아스콘 6만
2,000톤을 사용해 17억 5,000만 원의 예산을 절감하였다.

〈사례7〉

　신안군은 압해 하수종말처리시설공사 및 하수관
거정비공사에 순환골재 5만㎥를 사용해 2011년 약 3억
원의 예산을 절감하였다.

또한 건설폐기물에서 생산된 순환골재를 실구조물 건축에 사용하는 것에 대한 소비자의 부정적인 이미지 개선 및 사용 활성화를 위해 정부 및 관련 단체들은 순환골재를 사용하여 건축한 구조물의 안전도에 대한 지속적인 모니터링을 실시하고 있다.

실구조물 건축에 순환골재를 사용한 사례

〈사례1〉

인선이엔티는 순환골재 실구조물 적용 환경부 시범사업으로 본사 사옥 건축에 순환골재 30%(347톤)를 사용하여 2004년 5월 준공하였으며 현재 사용하고 있다.

〈사례2〉

대한주택공사(현 LH로 합병됨)는 경기도 고양시 일산동구 중산동 소재 아파트 복지관 건축에 순환골재 30%를 사용하여 2007년 준공하였으며 현재 사용하고 있다.

<사례3>

환경부와 한국도로공사는 입장휴게소 화장실 신축공사에 순환골재 100%를 사용 2013년 준공하여 현재 사용하고 있으며, '되돌림 화장실'이라고 명명하였다.

최근 신도시 건설, 재개발/재건축 등이 활발하게 진행되는 중이다. 당연히 천연골재 사용량이 증가하는데, 연간 2억 4천만㎥ 의 골재가 이러한 건설 공사에 투입된다고 가정하면 여의도 면적 103배에 해당하는 산림과 자원이 파괴된다고 한다. 연간 사용량 중 30%만 순환골재로 대체한다고 해도, 여의도 면적 31배에 해당하는 자연환경을 보호할 수 있다. 건설폐기물 재활용의 가치는 이처럼 경제적 비용 절감뿐만 아니라 환경보호에도 크게 기여할 수 있다.

3) 도시광산

도시광산이란 폐가전이나 폐자동차 등에 축적된 금속자원 중 일련의 재활용 과정을 거쳐 재상품화할 수 있는 금속 및 관련 산업을 일컫는다. 폐휴대폰 1톤에서 금 280g, 은 1.5kg 등이 추출 가능하고 원석 1톤에서 금이 4g 추출되는 것을 고려하면 도시광산 기술이 발달할수록 좀 더 손쉽게 폐자원을 자원화시킬 수 있을 것이다. 국내 도시광산 내 희소금속 중 대부분은 앞서 언급된 자동차에 포함되어 있다. 나머지가 폐가전이나 사무기기로 이중 전기전자 기기 12종에 포함된 희소금속은 최소 3.8만 톤으로 잠재적 경제가치가 약 9,803억 원 정도 된다. 이는 국내 희소금속 한 해 수입량의 12.3배에 해당한다. 또한 장기적으로 전기차와 같은 친환경차 비중이 높아지면서 2차전지 소비 증가와 스마트폰 등 소형 디지털기기의 수요 증가로 도시광산 내 희소금속의 잠재가치는 급증할 것으로 예상된다.

도시광산 산업의 전체적인 메커니즘은 도시 내 산재되어 있는 폐자원을 수거하여 분류하고, 분류된 폐자원을 적합한 방법으로 가공 혹은 제련하는 일련의 과정을 거쳐 수익이 창출되는 산업이다.

현재 도시광산 관련 기업들은 대부분 수익을 못 내고 있는 상황이다. 이는 수거 및 분류 과정에서 과도한 인건비가 들고, 아직 기술적 한계가 있어 효율적으로 금속을 제련할 수 없기 때문이다. 또 폐전기전자 제품의 구성 성분을 보면 가장 많은 성분이 고철과 구리인데 최근 3~4년간 지속적으로 하락하고 있는 철광석과 구리 가격으로 인해 판가가 낮아졌다. 이로 인해 의미 있는 외형성장도 이룰 수 없었다. 그렇지만 인류의 계속된 지하자원 개발로 이제는 지하자원보다 사용 중이거나 사용된 자원인 지상자원이 더 많은 상태에 도달했다. 지하 자원과 지상 자원 간의 격차는 시간이 지날수록 벌어질 것이며 이는 산업폐기물이 지속적으로 증가하는 것을 의미한다. 일본의 경우 도시광산 금 축적량은 2007년 기준으로 전 세계 매장량인 42,000톤의 16%인 6,800만 톤으로 최대 금 매장 국가인 남아프리카공화국의 6,000톤을 웃도는 규모다. 일본의 은 축적량은 약 6만 톤으로 현재 세계 매장량의 23% 정도이며 LCD TV나 태양전지에 사용되는 희귀금속인 인듐은 약 1,700톤으로 세계 매장량의 38%에 달한다. 이렇듯 전기차, 스마트폰 등 첨단기기들의 사용 증가로 도시광산의 규모가 점차 확대 될 것이며, 도시광산의 활용은 선택이 아닌 필수인 산업으로 변모하게 될 것으로 예상된다.

4) 사례: 인선이엔티와 인선모터스

—— 인선이엔티 본사 전경

    국내 건설폐기물 분야 1위 업체인 인선이엔티는 1997년 건설폐기물의 수집 · 운반 및 중간처리업을 영위할 목적으로 설립되어, 2002년 업계 최초로 코스닥시장에 상장되었다. 인선이엔티가 업계 최고로 성장할 수 있었던 것은 일산 본점을 기점으로 하여 인천, 화성, 세종, 금산, 광양 등 전국에 지점 및 계열사를 두어 수도권뿐만 아니라 지방에서 배출되는 폐기물을 모두 처리할 수 있는 체제를 구축했기 때문이다. 또한 인선이엔티는 폐기물중간처리업을 중심으로 비계구조물 해체, 소각, 매립, 순환골재 생산 등 폐기물 일괄처리 기술 및 능력을 보유하여 타의 추종을 불허하는 폐기물처리업계의 독보적인 존재로 자리매김하게 되었다.

인선이엔티는 뛰어난 기술력과 생산능력을 바탕으로 연평균 20%라는 가파른 매출 성장세를 보였고, 건설 경기가 호황이었던 2007년부터 2009년 사이에는 매출 1,000억을 돌파하는 동시에 매년 200억원 가까운 영업이익을 내며 최대 호황기를 누렸으나, 재개발·재건축 시장의 감소 및 장기적인 건설 경기 침체로 인하여 폐기물처리 시장은 점차 축소되었다.

하지만 건설경기의 침체는 인선이엔티에게 위기가 아닌 새로운 기회로 다가오고 있었다. 인선이엔티는 건설 경기 호황기에도 머지않아 다가올 경기 침체를 대비하여 새로운 먹거리 사업을 찾는데 게을리 하지 않았다. 새로운 사업 분야이지만 기존 사업의 경험과 노하우를 충분히 활용할 수 있는 분야, 폐기물처리사업처럼 버려지는 자원을 재활용하여 환경을 살리는 동시에 경제를 활성화할 수 있는 사업을 찾기 위해 다방면의 검토를 진행하였고, 그 결과 자동차 재활용사업이 환경과 경제를 모두 살릴 수 있는 사업이라는 결론을 얻었다.

그동안 우리나라 폐차산업은 환경을 오염시키고 3D 산업이라는 부정적 이미지가 지배적이었다. 또한 매년 증가하는 차량 대수만큼 폐차의 수도 계속적으로 증가하는 것에 비해,

폐차 처리 기술 및 기타 여건은 매우 열악하였다. 이는 인선이엔티가 폐기물처리사업을 처음 시작하던 때와 비슷한 상황이었다.

인선이엔티가 처음 폐기물처리사업을 시작할 때는 폐기물처리에 대한 인식도 많이 부족하였고, 처리 기술 또한 매우 낮은 상태였다. 하지만 인선이엔티는 이러한 현실을 받아들여 폐기물 처리 공정을 외부에 투명하게 공개하고, 신기술 개발과 선진 시설 도입에 많은 투자를 하여 세계적으로 인정받는 환경신기술과 건설신기술을 획득하였고, 업계 최다의 지적재산권을 보유하게 되었다. 또한 산업·학계·연구기관과의 계속적인 교류를 통해 순환골재의 품질 향상에 매진한 결과 천연골재와 견주어도 결코 뒤떨어지지 않는 우수한 품질의 순환골재를 생산하여 국내 최초로 '콘크리트용 순환골재 품질인증' 획득이라는 쾌거를 이루기도 하였다.

인선이엔티의 이와 같은 경쟁력은 그대로 폐차산업으로까지 이어지고 있다. 인선이엔티는 자회사 인선모터스를 설립하여 영세 폐차장과 달리 하루에 100대를 친환경적으로 폐차할 수 있는 자동차 자원순환센터를 건립하고, 환경부에서 정한 재활용률 95%를 달성할 수 있는 공정을 구축하였다. 자동차자원순환센터 내에는 특허 기술이 적용된 폐자동차 해체센터, 중고부품 및 물류센터, 1급 종합정비소, 부품 전시장 등이 한곳에 모여 있다. 이러한 일련의 폐차 과정이 모두 끝난 압축된 폐차는 이천에 위치한 슈레더 공장으로 운반되어 그곳에서 최종 파쇄 작업을 거쳐 고철, 비철 등으로 분류되어 제강사, 주물사 등에 납품하여 최종처리를 한다. 결국 인선이엔티의 폐차사업은 건설폐기물과 마찬가지로 업계 최초로 폐차 해체부터 최종 처리까지 일련의 과정을 종합 처리할 수 있는 수직계열화를 이루어 사업성을 극대화시켰다.

——— 인선모터스 슈레더 시설 전경

인선이엔티는 이러한 폐차 종합처리시설을 갖추기 위해 막대한 자금을 투자하여 국내 최대 규모(건축 면적 10,657㎡, 연면적 29,752㎡)의 반실내 자동차자원순환센터를 건립하였고, 그 내부 폐차시설 및 정비 공장은 자체 개발한 폐차 해체 시스템, 폐차의 대차 시설, 액상류 회수장치, 크레인 장치, 유리 분리 장치 등을 설치하여 친환경적이고 효율적으로 폐차 및 정비할 수 있는 시설을 갖추었다.

또한 해체 과정에서 분리된 자동차 부품은 엄격한 자체 테스트를 거쳐 합격한 부품들을 모아 '파츠모아' 사이트를 통해 새 제품의 50% 이하의 가격으로 소비자에게 직접 판매하고 있다. 인선모터스가 판매하고 있는 중고부품은 그 품질을 인정받아 보험개발원으로부터 2년 연속 자동차 중고부품 공급 업체로 선정되었다.

비록 인선이엔티가 자동차재활용 사업을 이제 막 시작하였지만, 막대한 시설 투자와 기술 개발에 박차를 가하여 폐차 업계의 새로운 강자로 떠오르고 있다. 인선이엔티는 버려지는 건설폐기물과 폐자동차를 친환경적으로 처리하여 환경의 지킴이 역할을 하는 동시에 이를 비즈니스화에 성공한 우리

나라의 대표적인 환경 기업 중 하나라 할 것이다

인선모터스 자원순환센터

− 건축면적: 10,657㎡

− 연면적: 29,752㎡

− 주요 시설

- 해체센터: 40m 규모 Line−type 5기 + Cell 방식 4기 + 외국인 전용 해체부스

- 부품물류센터 : 바닥면적 3천평, 24만여 점 적재 (국내 최대 규모)

- 1급 종합정비센터: 1일 30대 최첨단 정비시스템

- 경정비센터, 부품전시장: 바이어 및 투자자 대상 부품전시장

− 특허기술

- 레일형 해체라인, 폐차 액상류 회수장치, 폐차 해체용 크레인장치, 폐차의 유리분리 장치, 대차 회수시스템 등 다수 특허 기술 접목

—— 중고부품물류센터

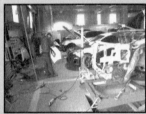

—— 1급 종합정비센터

—— 외국인 해체 전용 부스

3. 폐자원의
   에너지화

폐자원의 에너지화는 쉽게 말하면 쓰레기를 우리에게 필요한 에너지로 재탄생시켜 주는 일이다. 폐기물 중 다시 쓰고, 재활용한 후 그래도 남은 가연성 및 유기성 폐기물을 열화학적 또는 생물학적인 방법으로 열 또는 전력, 수송연료 등으로 에너지화하는 기술이다. 가연성 폐기물은 주로 열화학적 및 생물학적 방법으로 에너지화 시키고 유기성 폐기물의 경우 생물화학적 전환, 폐플라스틱과 같은 폐화학제품의 경우 화학전환을 이용하여 화학원료 및 수송연료 등의 에너지로 전환시킨다. 그렇다면 폐자원의 에너지화가 굳이 필요한 것일까? 이러한 논의는 앞서 계속해서 언급되어왔던 화석연료의 고갈에 대비하고, 지속가능한 에너지원을 찾기 위한 인류의 가장 오래된 소망이기도 하다. 폐자원을 통한 에너지는 눈부신 기술발전을 통해 현재, 그리고 향후 미래에는 화석연료와 비교하여 열량이 비슷하거나 더욱 높아질 것으로 예측되고 있다. 또한 폐기물을 사용함으로써 환경적으로 폐기물을 줄여주고, 동시에 화석연료의 사용도 저감하게 된다. 마지막으로 이러한 새로운 비즈니스 기회의 창출은 새로운 일자리를 창출할 수 있는 계기를 제공하기에 전 사회적으로 많은 관심의 대상이 되고 있다.

1) 바이오매스

바이오매스(Biomass)는 나무나 풀, 가축 분뇨, 음식쓰레기 등을 에너지원으로 사용하는 것을 말한다. 바이오매스는 일반적으로 태워서 에너지를 얻는 방법도 있지만 액체연료나 가스 형태로 바꿀 수도 있으며, 이 경우 밀도가 더 높아지고 취급하기 쉬워진다는 장점이 있다. 바이오매스를 에너지화시키는 기술은 크게 열화학적 변환 기술과 생물학적 변환 기술이 있다.

열화학적 변환기술은 직접 연소를 하거나, 산소가 없는 상태에서 상압 또는 고압에서 가열해 탄화 및 액화를 유도하는 것(열분해 및 액화)이다. 가스화는 바이오매스를 산소, 수소, 수증기, 일산화탄소 또는 이산화탄소를 넣은 상태에서 가열하여 화학반응을 통해 가스 형태로 변환하는 것이다. 생물학적 변환기술은 발효나 자연이 바이오매스를 분해시키는 과정을 이용해 에너지를 만든다.

【그림 5-29】 바이오매스 산업 개요

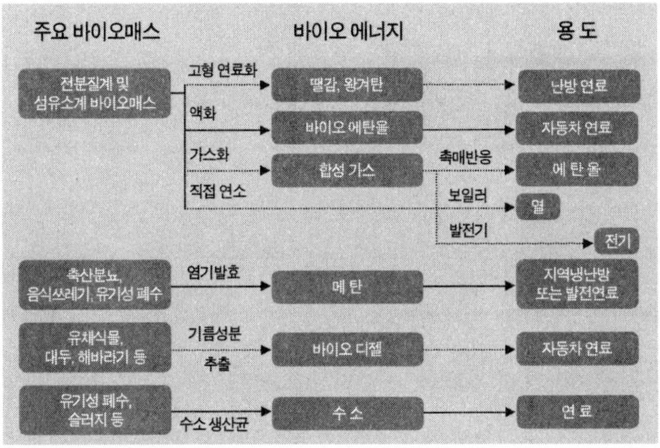

출처: (주)한국대체에너지 홈페이지

최근 미국에서는 바이오연료를 저탄소 경제의 '6대 핵심 분야' 중 하나로 제시하고 있다. 또한 브라질은 풍부한 사탕수수 자원을 이용하여 사탕수수와 뿌리식물의 일종인 카사바에서 에탄올을 추출해 자동차 연료로 사용하여 브라질 자동차 연료의 약 40%를 에탄올로 충당한다. 스웨덴 등 북유럽 국가에서는 바이오매스 주유소도 존재한다. 전 세계적으로 바이오매스의 공급과 수요는 증가하고 있고 앞으로도 성장 가능성이 풍부한 사업의 영역으로 자리매김할 것으로 예상되고 있다. 그렇다면 바이오매스 사업의 특징은 무엇일까?

첫째, 친환경적이다. 바이오매스는 생산과 소비 과정에서 이산화탄소를 소비한다. 즉 바이오매스가 휘발성 제품으로 전환시키는데 촉매제 역할을 하는 것이다. 대규모로 바이오매스를 전환하는데 이산화탄소를 사용한다면 연간 수천메가톤의 이산화탄소를 처리할 수 있다. 즉 온실가스 저감효과가 매우 뛰어나, 향후 기후변화 대응에 적합한 사업이라 할 수 있다.

둘째, 기존에 쓰지 않았던 자원인 바이오매스를 에너지화시킨다. 원료로 사용되는 바이오매스는 지속적으로 생산가능하기 때문에 고갈될 염려도 없고, 가공 기술이 발달할수록 저렴한 값에 전기와 기름을 사용할 수 있다.

셋째, 새로운 에너지원이 생기면서 기존의 화석연료 의존도를 저감시킬 수 있기 때문에 환경 오염 개선에 도움이 된다.

석탄이나 석유 등의 화석연료와 달리 적절하게 관리하면 고갈되지 않는 재생가능 에너지이고, 잘 활용하면 이산화탄소의 농도를 증가시키지 않기 때문에 기후변화 대응에 도움이 된다.

반면 바이오매스의 단점으로는 회수의 어려움과 화석연료에 비해 효율성이 떨어진다는 점이 있다. 여기저기 산재해 있는 바이오매스를 끌어 모아도 같은 양의 화석연료에 비해 훨씬 적은 양의 에너지가 생성되고, 또한 대규모로 경작을 하자니 대규모 토지와 농산물이 필요한데 신재생에너지를 위한 산림훼손은 오히려 환경파괴를 불러일으킬 수 있다는 점이 이슈가 되고 있다. 바이오매스 작물은 수명기간 동안 지속가능한 방식으로 관리해야 하고, 경제적으로 수송 및 저장해야 하며, 품질과 습도를 적절하게 맞춰서 관리해야 하기 때문에 관리의 문제도 있다. 또한, 세계에는 아직까지 식량이 부족한 국가가 다수 존재하는데, 현실에서는 식량을 연료로 사용한다는 도덕적인 한계를 지니고 있다.

2) 고형연료

고형연료제품(SFR: Solid Refuse Fuel)은 고체형태로 만든 폐기물을 의미하며 만들어진 고형 폐기물을 소각하여 연료로 쓴다. 대표적으로 RDF(Refuse Derived Fuel: 생활폐기물 고형연료제품)와 RPF(Refuse Plastic Fuel: 폐플라스틱 함량이 60% 이상인 고형연료제품) 등이 있다. 2014년부터 고형연료의 수입, 제조 및 사용단계의 전 과정에 걸쳐 관리체계가 구축되어 고형연료 관리가 강화되며 폐자원 에너지화가 질적으로 한 단계 도약하는 계기가 마련되었다.

고형연료의 장점으로는 일단 재활용을 함으로써 친환경적이며 새로운 신재생 에너지원을 확보했다는 점과 대기오염 물질이 감소되고 매립지 부족이 해소된다는 점이 있다. 특히 RDF와 RPF 모두 경유 가격 대비 각각 10%, 8%정도로 경제성이 매우 높다. 저렴한 가격에 높은 발열량을 가지고 있고, 소각 시 매연이 거의 발생하지 않으며 점화 후 타고 남은 연료는 무공해 비료로 사용 가능하다. 신재생에너지공급의무[32]화(RPS)제도 도입에 따라 대형 발전설비에서 고형연료의 수요가 확대될 것으로 전망되고 있으며 국내뿐만 아니라 세계에서도 고형연료 시장의 확대에 따라 폐기물 고형연료의 수요가 지속적으로 확대될 것으로 예측되고 있다. 이에 따라 폐기물 제조설비의 신규 건설이나 증설이 매우 활발하게 진행되고 있지만 쓰레기를 태운다는 대중의 인식으로 인해 사업개발과정에 발생하는 민원, 소위 말하는 님비(NIMBY)현상은 추후 해결해야 할 중요한 과제 중 하나이다.

---

[32] 일정규모 이상의 발전사업자에게 총 발전량 중 일정량 이상을 신재생에너지 전력으로 공급토록 의무화하는 제도로서, 우리나라는 2012년부터 시행

맺음말: 자원순환사회의 승리자가 되기 위해서는

박재흠

　최근 UN본부에서 세계 각국의 정상들이 모여 '2030 지속가능발전 아젠다'를 채택하였다. 기본적인 취지는 과거 성장위주의 경제발전을 최우선순위로 추구해온 기존의 국가경영 방식과 이에 따른 기업경제활동을 향후 "인간을 중심으로 삼고" 아울러 "지구환경을 배려하는" 새로운 발전 패러다임으로 변환시켜 나가자는 것이다. 세계 어느나라에도 선례가 없는 눈부신 경제성장을 이룩해 놓은 우리 정부와 국민은 보다 포용적이고 지속적이며, 나아가 보다 지속가능한 우리의 경제모델을 변화하고자 '지속가능발전'대책을 두고 고심해 왔다. 새롭게 출범하는 UN의 2030아젠다는 인류가 직면한 전

지구적 차원의 이슈들(자원고갈, 기후변화, 환경오염, 물부족, 기아 등)이 비단 우리만의 것이 아닌 세계 공통의 과제라는 인식을 공유하고, 이를 실질적, 체계적으로 해결해 나아가자는 데 그 의미가 있다 하겠다. 그러면 이러한 문제를 기업입장에서는 과연 어떻게 해결해 나가야 할 것인가?

　　과거부터 현재까지 지속가능발전과 기업활동을 어떻게 접목시켜 나갈 것인가에 대한 꾸준한 논의가 있어 왔다. 사실 기업이 영리추구를 목적으로 하는 경제활동과정에 필연적으로 환경, 사회적 부하가 발생하게 된다. 특히 과거 환경부문에 있어서는 제품 생산 과정에서 발생하는 환경오염물질에 대한 사후관리에 집중하였다면, 최근 들어서는 이러한 환경오염물질들이 최소한으로 발생하도록 한다든지, 아니면 아예 발생하지 않도록 하는 사전예방적 측면에서 활발한 기술개발과 투자가 이루어지고 있다. 하지만 아직은 이러한 흐름이 기업활동에 있어서, 대세라고 얘기하기에는 조금 부족한 게 현실이다. 물론 필자들이 오랫동안 환경관련 비즈니스에 몸담아 오면서 이러한 변화를 몸소 느껴왔기에 그 변화의 속도와 수준을 상대적으로 높지 않게 평가할 수도 있으리라는 생각도 든다. 하지만 최근 들어 논의되는 지속가능발전에서부터, 환경이슈를 더욱 중시하는 시장에서의 풍조는 매우 중대한 기업경영환경의 변화로 받아들여질 수 있을 것이다. 즉 과거 환경에의 인식 및 접근이 리스크 관리 측면의 소극적, 방어적 대응이었다면, 이제는 진정으로 기회의 시장으로 활용하는 적극적, 전략적, 혁신적 접근이 필요한 시점이라는 것이다.

자원순환사회라는 개념은 이러한 측면에서 매우 의미 있는 개념이다. 단순히 언론이나 방송매체에서 듣기 좋게 사용되는 단어로 치부되기에는 너무 많은 의미와 기회를 내포하고 있기 때문이다. 이는 필자들이 이 책을 쓰기로 결심한 가장 큰 이유이기도 하다. 필자는 환경 관련 기업 컨설팅을 담당하는 컨설턴트이다. 구체적으로는 기업의 환경경영전략수립, 실행, 성과관리, 대외 커뮤니케이션 관련 업무를 수행하고 있다. 즉 과거에는, 현재도 주를 이루지만 기업활동으로 말미암은 환경성과의 관리 측면이 주된 업무를 이루었다. 하지만 최근 들어서는 눈여겨볼 만한 새로운 컨설팅 기회들이 눈에 띈다. 해외 대규모 외국투자자본들이 의뢰하는 국내 환경시장의 시장조사현황 및 해외기업들의 국내 환경시장 진출을 위한 다양한 문의가 계속해서 증가하고 있기 때문이다.

우리가 미처 깨닫지 못했던 혹은 간과해 버렸던 거대한 시장이 도래함을 인지해야 할 시점이라는 것이다. 이런 이유로 우리는 이 책을 통해 자원순환사회에 대한 개념정리에서 경제학적 접근, 관련법의 제정현황, 그리고 현실에서 이루어지는 비즈니스까지 매우 광범위한 범위의 내용과 그에 따른 시사점을 정리하려고 노력하였다. 다시 말해 국내 독자들에게 향후 도래할 자순법의 제정과 함께 기존에는 접하기 어려웠던 정보인 비즈니스 기회에 대해 나름대로 정확하고 구체적인 내용들을 정리하여 제공하고 싶었다.

이 책에 언급되었던 것처럼 자원순환사회로 인한 새로운 비즈니스 잠재력은 매우 높다고 여겨진다. 아직 국내기업 및 대중들이 바라보는 소위 쓰레기산업에 대한 편견과 그로 인한 시장잠재력에 대한 의문을 조금이라도 바꿔나가기 위한 인식 변화의 첫걸음을 이 책이 해 주었으면 한다.

2015년 12월
공저자들을 대표하여
박 재 흠

참고문헌

김도희·김정숙, 『인천시 폐수 수탁 처리업 집적화에 따른 친환경 관리방안』, 인천 : 인천발전연구원(2010).

박지현, "EU의 폐기물 관련 환경 규제의 변화와 전방", 국제경제법연구, 제8권 제2호(2010.11).

서세욱, "자원순환형사회 전환의 정책과제: 일본사례의 시사점을 중심으로", 예산정책연구(2015.05).

신상철, "폐기물 관리 제도 개선 방안 연구", 연구보고서(2003.12).

안형기, "폐기물 관리 정책의 개선 방향 - 정부간 협력적 거버넌스 체계 구축", 한국지방자치학회보 제22권 제4호(2010.12).

안형기·임정빈, "재활용 촉진을 위한 정책기제 개발", 한국정책과학학회보 제17권 제1호(2013.03).

이병욱, 『산업계 유기성 폐기물의 자원화 촉진 방안』, 한국환경정책·평가연구원(2012).

이병욱, 『폐기물 처리 관련 업종의 여건 변화가 여타 산업에 미치는 영향 분석』, 한국환경정책·평가연구원(2012).

이사라·김현선·조영태·김호·이승묵, "인구 구조 변화에 따른 생활 폐기물 발생량 현황 및 전망", 한국대기환경학회 2008년추계학술대회논문집(2008.10).

이원희·이혜영, "한국의 환경규제 변천과 그 특징 : 국제 유형 및 전략을 중심으로", 한국정책과학학회보 제14권 제3호(2010.9)

이정임·이기영·소현정, "폐기물 해양배출 금지에 따른 대응방안", 정책연구 2012-11(2012.05).

이종영, "저탄소 녹색성장 기본법의 제정에 따른 폐기물 관련 법령의 대응방안", 한국환경법학회(2009).

오용선, "자원순환사회 폐기물 관리의 법적, 제도적 체계 설계", 韓國環境法學會 vol. 28 no.1(2006).

정훈, "폐기물 관련 법체계와 자원순환기본법의 제정 필요성", 한국환경법학회(2009).

정희성 · 안형기, "자원순환사회 거버넌스의 구축 : 폐기물 관리 정책을 중심으로", 한국정책과학학회보 제12권 제3호(2008.9).

채영근, "폐기물 관련 법령 체계의 문제점 및 개선방안", 환경법연구 제31권 제2호(2009).

하상안, "폐기물 발생량 변화 예측에 따른 소각시설운영에 관한 연구", 유기물자원화 제20권 제1호(2012.3).

한국건설자원협회, 순환골재 · 순환골재 재활용 제품 우수 활용 사례(2015.11).

한국폐기물협회, 『2014 폐기물관리법』, (2014.1).

한국폐자원에너지기술협의회, 『폐기물 처분 부담금(소각 · 매립) 제도 외국 사례 조사』 연구보고서(2013.10).

한국환경산업기술원, "환경 산업 현황 조사 및 해외 진출 촉진 지원 사업 발굴", 연구 보고서 (2011.2).

한국환경산업기술원, "환경산업 7대분야별 주요 기업 정보집", 정보집 (2014.12).

한국 SDSN, 『UN 2030 지속가능발전 어젠다와 한국 : 국가경영을 위한 활용방안과 국제개발협력 2.0 모색』, UN 2030 지속가능 발전 어젠다 정상회의(9.25~27) 의제 컨퍼런스 자료집 (2015).

한상운, "자원순환정책 실효성 제고를 위한 중 · 장기과제", 한국환경정책평가연구원 (2013).

환경부, 『수질TMS설치 운영 업무편람』(2012.12).

환경부, "자원순환사회로의 전환, 미래세대를 위한 선택", 환경정책 Briefs vol.5 (2015).

환경부, "제3차 국가 폐기물 관리 종합 계획 마련을 위한 연구", 연구 보고서 (2012.1).

환경부, 『폐기물 관리 체계 개편방안 마련 연구』 (2013.3).

Australian Capital Territory, "ACT Waste Management Strategy", Canberra Environment and Sustainable Development Directorate (2011).

CIPS, "How to Develop a Waste Management and Disposal Strategy", The Chartered Institute of Purchasing & Supply.

Comhshaol

The Danish Government, "Denmark Without Waste - Recycle More Incinerate Less" (2013.11).

Department for Environment, Food and Rural Affairs, "Government Review of Waste Policy in England 2011", Crown (2011).

Department of the Environment, Community and Local Government, "Towards a new National Waste Policy" (2011).

Department of the Environment, Water, Heritage and the Arts, "National Waste Policy", Australian Government (2010).

Hawken, Paul, The Ecology of Commerce: A Declaration of Sustainability, HarperBusiness (1993).

European Union, "Being Wise With Waste: the EU's Approach to

Waste Management" (2010).

United Nations, "Waste Management"

United Nations Environment Programme, "Guidelines for National Waste Management Strategies" (2013).

植田和弘編(2010)拡大生産者責任の環境経済学昭和堂

環境省(2014)循環型社会白書環境省

環境省(2014)循環型社会ビジネス市場及び雇用環境省

小島道一編(2008)アジアにおけるリサイクルアジア経済研究所

Edited by Michikazu Kojima (2013).

International Trade in Recyclable and Hazardous Waste in Asia Edward Elgar

Edited by Kojima Mitikazu (2008) Promoting 3Rs in Developing Countries Institute of Developing Economies

小宮山宏編(2010)資源利用と循環型社会東京大学出版

長沢伸也(2009)廃棄物ビジネスの変革者たち環境新聞社

日本環境会議(2006)アジア環境白書2006／2007 東洋経済新報社

林孝昌(2012)リサイクルビジネス講座環境新聞社

林孝昌(2014)「ボーダレス化」するリサイクルビジネス環境新聞社

ビルモイヤーズ編(1995)有毒ごみの国際ビジネス技術と人間

細田衛士(2012)グッズとバッズの経済学-循環型社会の基本原理東洋経済新報社

細田衛士 (2015) 資源の循環利用とはなにか 岩波書店

Richard C.Porter (2002) The economics of Economics Resource for the Future

吉田文和 (2004) 循環型社会 中公新書

鷲田豊明編 (2015) 循環型社会をつくる 岩波書店

지은이

박재흠

현재 삼일 프라이스워터하우스쿠퍼스(SAMIL PwC) 지속가능성/기후변화서비스(S&CC) 리더를 맡고 있다. KAIST Green MBA를 졸업했다. KPMG, 대한상공회의소, 국회 등에서 정책 분석 및 전략 수립 업무를 수행했다. 지속가능발전 및 지속가능경영 관련 전략 수립 업무를 수립했다. 지속가능성보고서 등 다양한 분야에서 기업 컨설팅 및 기고활동과 강연을 하고 있다.

정성우

현재 한화에너지에 재직 중이다. 일본 홋카이도대학 Yoshida 교수의 영향으로 '쓰레기'에 관심을 갖게 되었다. EPR(확대생산자책임)을 주제로 박사 학위를 받았으며 이후 일본 국책연구기관인 '아시아경제연구소'와 주일한국대사관을 거쳤다. 공저로 [International Trade in Recyclable and Hazardous Waste in Asia] (2013, Edward Elgar Publishing)가 있으며 역서로는 [밸런시스트 불황으로 본 세계경제 (2014, 어문학사 출판)]가 있다.

김대봉

현재 코스닥 상장업체이며, 폐기물 관련 환경전문회사인 인선이엔티의 대표이사로 재직 중이다. 성균관대학교에서 석사학위를 받았다. 일본 및 미국 합작법인에서 전략업무 및 재무관련 업무를 수행하였다. 국회환경포럼 정책자문위원, 한국건설자원 협회 이사 등을 역임하고 있다.

폐기물 및 폐자동차 사업 관련 국내외 다양한 M&A 및 신규사업 등을 추진 중이다.

비즈니스 관점에서
자원순환사회
바라보기

초판 1쇄 발행일 2016년 03월 15일

지은이 박재흠 · 정성우 · 김대봉
펴낸이 박영희
책임편집 김영림
디자인 박희경
마케팅 임자연
인쇄 · 제본 태광 인쇄
펴낸곳 도서출판 어문학사
　　　　서울특별시 도봉구 쌍문동 523－21 나너울 카운티 1층
　　　　대표전화: 02-998-0094 / 편집부1: 02-998-2267, 편집부2: 02-998-2269
　　　　홈페이지: www.amhbook.com
　　　　트위터: @with_amhbook
　　　　페이스북: https://www.facebook.com/amhbook
　　　　블로그: 네이버 http://blog.naver.com/amhbook
　　　　다음 http://blog.daum.net/amhbook
　　　　e－mail: am@amhbook.com
　　　　등록: 2004년 4월 6일 제7－276호

ISBN 978-89-6184-408-6　93320
정가 14,000원

이 도서의 국립중앙도서관 출판예정도서목록(CIP)은 e-CIP홈페이지(http://www.nl.go.kr/ecip)와
국가자료공동목록시스템(http://www.nl.go.kr/kolisnet)에서 이용하실 수 있습니다.
(CIP제어번호: CIP 2016005384)